PROJETO

ÁPIS

EDUCAÇÃO INFANTIL

DANTE E NOEMI

LINGUAGENS

DE ACORDO COM A BNCC

CB136950

LUIZ ROBERTO DANTE

- LIVRE-DOCENTE EM EDUCAÇÃO MATEMÁTICA PELA UNIVERSIDADE ESTADUAL PAULISTA "JÚLIO DE MESQUITA FILHO" (UNESP-SP), *CAMPUS* DE RIO CLARO
- DOUTOR EM PSICOLOGIA DA EDUCAÇÃO: ENSINO DA MATEMÁTICA PELA PONTIFÍCIA UNIVERSIDADE CATÓLICA DE SÃO PAULO (PUC-SP)
- MESTRE EM MATEMÁTICA PELA UNIVERSIDADE DE SÃO PAULO (USP)
- LICENCIADO EM MATEMÁTICA PELA UNESP-SP, RIO CLARO
- PESQUISADOR EM ENSINO E APRENDIZAGEM DA MATEMÁTICA PELA UNESP-SP, RIO CLARO
- EX-PROFESSOR DO ENSINO FUNDAMENTAL E DO ENSINO MÉDIO NA REDE PÚBLICA DE ENSINO
- AUTOR DE LIVROS PARA A EDUCAÇÃO BÁSICA

NOEMI BIANCHINI

- DOUTORA EM SOCIOLOGIA DA EDUCAÇÃO PELO PROGRAMA EDUCAÇÃO, HISTÓRIA, POLÍTICA E SOCIEDADE DA PONTIFÍCIA UNIVERSIDADE CATÓLICA DE SÃO PAULO (PUC-SP)
- MESTRA EM EDUCAÇÃO ESCOLAR PELA UNIVERSIDADE ESTADUAL PAULISTA "JÚLIO DE MESQUITA FILHO" (UNESP-SP), *CAMPUS* DE ARARAQUARA
- PÓS-GRADUADA EM TEORIA E CRÍTICA LITERÁRIA PELA UNESP-SP, ARARAQUARA
- LICENCIADA EM LETRAS E PEDAGOGIA PELA FACULDADE DE FILOSOFIA, CIÊNCIAS E LETRAS DE ARARAS (FFCLA)
- EXPERIÊNCIA COMO SUPERVISORA E COORDENADORA DE CONTEÚDOS PARA CURSOS DE FORMAÇÃO DE PROFESSORES
- EX-PROFESSORA DOS CURSOS DE GRADUAÇÃO E PÓS-GRADUAÇÃO NAS ÁREAS DE CURRÍCULO, LEGISLAÇÃO, GESTÃO E ALFABETIZAÇÃO
- EX-PROFESSORA DO ENSINO FUNDAMENTAL E DO ENSINO MÉDIO NAS REDES PÚBLICA E PARTICULAR DE ENSINO

3

editora ática

editora ática

Presidência: Mario Ghio Júnior
Direção editorial: Lidiane Vivaldini Olo
Gerência editorial: Viviane Carpegiani
Gestão de área: Tatiany Renó
Edição: Luciana Nicoleti (coord.), Marina S. Lupinetti (coord.) e Danuza Dias Gonçalves
Planejamento e controle de produção: Flávio Matuguma, Juliana Batista, Felipe Nogueira e Juliana Gonçalves
Revisão: Kátia Scaff Marques (coord.), Brenda T. M. Morais, Claudia Virgilio, Daniela Lima, Malvina Tomáz e Ricardo Miyake
Arte: André Gomes Vitale (ger.), Catherine Saori Ishihara (coord.), Andréa Dellamagna e Kleber de Messas (edição de arte)
Diagramação: R2 Editorial
Iconografia e tratamento de imagem: André Gomes Vitale (ger.), Claudia Bertolazzi e Denise Kremer (coord.), Cristina Akisino (pesquisa iconográfica) e Fernanda Crevin (tratamento de imagens)
Licenciamento de conteúdos de terceiros: Roberta Bento (ger.), Jenis Oh (coord.), Liliane Rodrigues, Flávia Zambon e Raísa Maris Reina (analistas de licenciamento)
Ilustração: Estúdio Ornitorrinco
Cartografia: Eric Fuzii (coord.) e Robson Rosendo da Rocha
Design: Erik Taketa (coord.) e Talita Guedes (proj. gráfico e capa)
Projeto gráfico: Estúdio Apis Design
Ilustração de capa: Barlavento Estúdio Criativo

Avenida Paulista, 901, 6º andar – Bela Vista
São Paulo – SP – CEP 01310-200
http://www.somoseducacao.com.br

Dados Internacionais de Catalogação na Publicação (CIP)

Dante, Luiz Roberto
Projeto Ápis : Educação infantil : Linguagens : volume 1 ao 3 / Luiz Roberto Dante, Noemi Bianchini. -- 2. ed. -- São Paulo : Ática, 2020.
(Projeto Ápis ; vol. 1 ao 3)

Bibliografia

1. Educação infantil I. Título II. Bianchini, Noemi III. Série

20-1427 CDD 372

Angélica Ilacqua - Bibliotecária - CRB-8/7057

2025
Código da obra CL 750422
CAE 721311 (AL) / 721312 (PR)
ISBN 9788508195824 (AL)
ISBN 9788508195831 (PR)
2ª edição
8ª impressão
De acordo com a BNCC.

Impressão e acabamento: Vox Gráfica / OP: 283784

Uma publicação SOMOS EDUCAÇÃO

Estúdio Ornitorrinco/Arquivo da editora

A **COLEÇÃO ÁPIS EDUCAÇÃO INFANTIL** CHEGA ATÉ VOCÊ TRAZENDO MUITO APRENDIZADO!

COM UMA LINGUAGEM SIMPLES E ATRAENTE, OS CONTEÚDOS ACOMPANHAM SUA EVOLUÇÃO E SEU DESENVOLVIMENTO.

COMPARTILHE, APRENDA E DIVIRTA-SE!

DANTE E NOEMI

CONHEÇA SEU LIVRO

ESTA É A **TURMA DO YURI**, QUE VAI ACOMPANHAR VOCÊ DURANTE TODO O ANO.

Estúdio Ornitorrinco/Arquivo da editora

MATERIAL DE APOIO — SEMPRE QUE VOCÊ ENCONTRAR ESTE ÍCONE SIGNIFICA QUE **HÁ PEÇAS E FIGURAS A SEREM DESTACADAS** NO FINAL DO LIVRO.

SUGESTÃO DE... — TODA VEZ QUE APARECER O BOXE **SUGESTÃO DE...**, VOCÊ VAI ENCONTRAR INDICAÇÕES DE MATERIAIS QUE COMPLEMENTAM OS TEMAS TRABALHADOS, AMPLIANDO SEU APRENDIZADO!

- ESTAS SÃO AS SEÇÕES DO SEU LIVRO:

AS **ABERTURAS DE UNIDADE** INTRODUZEM O TEMA.

NA SEÇÃO **HORA DO JOGO E DA BRINCADEIRA**, VOCÊ RETOMA OS CONCEITOS TRABALHADOS COM ATIVIDADES LÚDICAS E JOGOS QUE TORNAM SEU APRENDIZADO MUITO MAIS DIVERTIDO!

NA SEÇÃO **LER E ESCREVER – PRIMEIROS PASSOS**, VOCÊ ENCONTRA ATIVIDADES PARA LER, ESCREVER, CONVERSAR, OUVIR...

A SEÇÃO **HORA DA HISTÓRIA** PROPORCIONA MOMENTOS PARA OUVIR E CONTAR HISTÓRIAS, APRENDER E SE DIVERTIR!

A SEÇÃO **VAMOS CRIAR?** DESAFIA VOCÊ A USAR A IMAGINAÇÃO E A CRIATIVIDADE PARA PENSAR EM SOLUÇÕES, PRODUZIR E APRENDER MUITO!

SUMÁRIO

UNIDADE 1

CONHECENDO PESSOAS 7

UNIDADE 2

TUDO TEM HISTÓRIA 41

SUMÁRIO

UNIDADE 3

A NATUREZA PERTO DE NÓS! 77

UNIDADE 4

DIVERSAS CULTURAS 109

MATERIAL DE APOIO

Estúdio Ornitorrinco/Arquivo da editora

UNIDADE 1 CONHECENDO PESSOAS

Estúdio Ornitorrinco/Arquivo da editora

O QUE PODEMOS PERGUNTAR PARA AS PESSOAS SE QUISERMOS SABER MAIS SOBRE ELAS?

DE ONDE VEM MEU NOME?

- VOCÊ JÁ SABE SEU NOME E SEU SOBRENOME? CONTE AOS COLEGAS.

Estúdio Ornitorrinco/Arquivo da editora

- O NOME COMPLETO DE GABRIEL É IGUAL AO DO PAI. COMO VOCÊ ACHA QUE O NOME DELE PODE TERMINAR? PINTE AS RESPOSTAS.

FILHO	NETO	JÚNIOR

- SE O NOME DE GABRIEL, ALÉM DE SER IGUAL AO DO PAI, FOR IGUAL AO DO AVÔ, COMO O NOME DELE PODE TERMINAR?

FILHO	NETO	JÚNIOR

- DE ONDE VEM SEU NOME?

MUITOS NOMES... MUITOS SIGNIFICADOS!

- CONHEÇA ALGUNS NOMES E SEUS SIGNIFICADOS.

Estúdio Ornitorrinco/ Arquivo da editora

- PESQUISE O SIGNIFICADO DO SEU NOME. DEPOIS, FAÇA UM DESENHO PARA REPRESENTÁ-LO.

MEU NOME

MATERIAL DE APOIO

OS ALUNOS DA TURMA DO YURI ESTÃO MONTANDO SEUS NOMES COM AS LETRAS DO ALFABETO MÓVEL. VAMOS MONTAR TAMBÉM?

Estúdio Ornitorrinco/Arquivo da editora

- USE AS LETRAS DO ALFABETO MÓVEL PARA MONTAR SEU NOME E DEPOIS ESCREVA-O NO ESPAÇO ABAIXO, COLOCANDO UMA LETRA EM CADA QUADRINHO.

QUANTAS LETRAS TEM O MEU NOME?

QUANTAS LETRAS TEM SEU NOME?	1	2	3	4	5	6	7	8	9	10
	G	A	B	R	I	E	L			
	I	A	R	A						
	I	S	A							
SUA FOTO										

Estúdio Ornitorrinco/Arquivo da editora

NOME OU APELIDO?

TODAS AS PESSOAS TÊM NOME. ALGUMAS TAMBÉM TÊM APELIDO.

- LEIA OS NOMES A SEGUIR E ESCREVA COMO VOCÊ ACHA QUE PODERIA SER O APELIDO DE CADA UM DELES.

Estúdio Ornitorrinco/Arquivo da editora

NOMES	APELIDOS
RAFAEL	RAFA OU FAEL
GABRIEL	
ROBERTO	
CAROLINA	

- E VOCÊ, TEM UM APELIDO? ESCREVA SEU NOME E, SE TIVER APELIDO, ESCREVA-O NA ÚLTIMA LINHA DA TABELA.

IDENTIDADE: QUEM É VOCÊ?

- PINTE AS TECLAS COM AS LETRAS DO SEU PRIMEIRO NOME. DEPOIS, ESCREVA-O.

Yaraz/Shutterstock

- ESCREVA A PRIMEIRA LETRA DE SEU NOME.

- REGISTRE SUA DIGITAL.

ARTES DIGITAIS

ASSIM COMO CADA UM DE NÓS, NOSSAS DIGITAIS TAMBÉM SÃO ÚNICAS.

A ARTISTA INGRID ASPÖCK UTILIZOU DIGITAIS PARA FAZER ESTA OBRA BEM ORIGINAL. VEJA:

Ingrid Aspock/<www.ingrid-aspoeck.at>

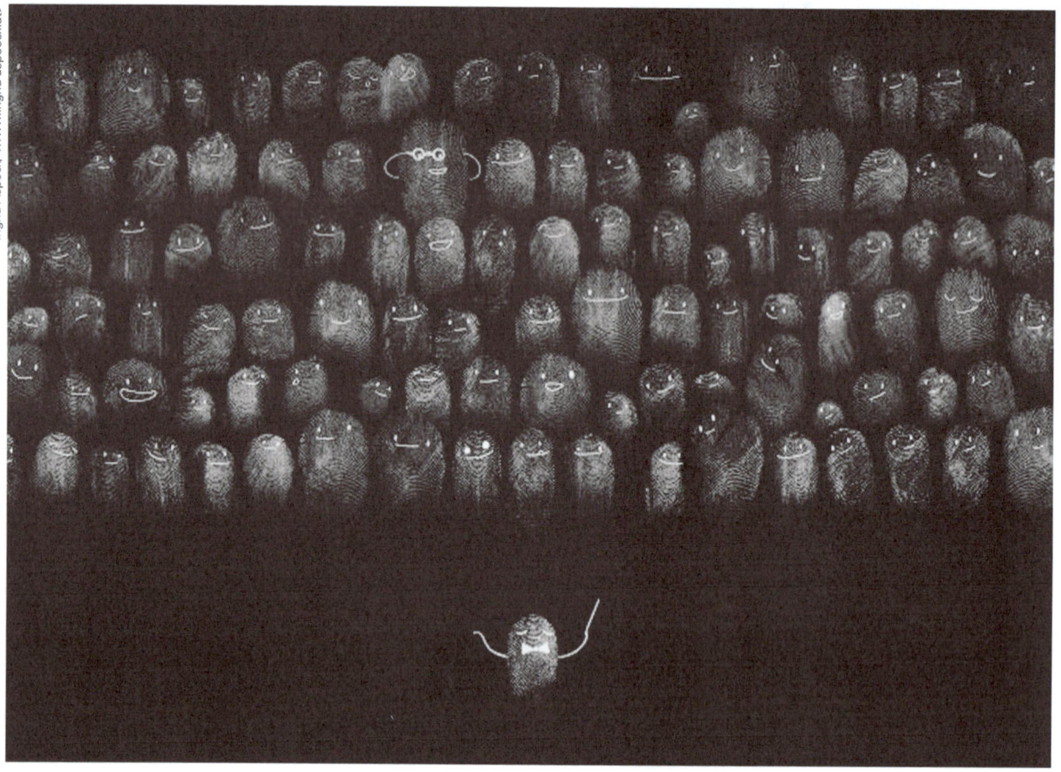

MAESTRO, DE INGRID ASPÖCK, 2012.

- AGORA É A SUA VEZ: SOLTE SUA IMAGINAÇÃO E USE SUAS DIGITAIS PARA CRIAR UMA IMAGEM BEM INTERESSANTE.

NOSSOS NOMES

- OBSERVE OS NOMES DAS CRIANÇAS.

Estúdio Ornitorrinco/
Arquivo da editora

- QUANTAS LETRAS TEM CADA NOME? ______
- QUE LETRA SE REPETE NOS DOIS NOMES? ______
- UTILIZE O ALFABETO MÓVEL E FORME OS NOMES **NINA** E **NUNO**.
- AGORA, DESCUBRA POR QUE UM NOME É DIFERENTE DO OUTRO E CONTE AOS COLEGAS.

EU E VOCÊ

• CONTORNE AS PALAVRAS **EU** E **VOCÊ** NO TRECHO DA CANÇÃO A SEGUIR.

Estúdio Ornitorrinco/Arquivo da editora

SÓ EU SOU

[...]

SÓ **EU** SOU **EU**
SÓ **EU** SOU **EU**
ALÉM DE MIM NÃO TEM NINGUÉM QUE SEJA **EU**

[...]

AINDA BEM QUE A GENTE É
VOCÊ E **EU**

VOCÊ E **EU**
VOCÊ E **EU**
E CADA UM É CADA UM
E CADA **EU**

DE GRAÇA (CD), DE MARCELO JENECI. SOM LIVRE, 2013.

• ESCREVA AS PALAVRAS **EU** E **VOCÊ** NOS QUADROS AO LADO.

• QUANTAS LETRAS TEM CADA PALAVRA? ESCREVA AO LADO.

PALAVRAS PEQUENAS

- OBSERVE O VERSO A SEGUIR.

Estúdio Ornitorrinco/Arquivo da editora

"SÓ EU SOU EU"

"SÓ	EU	SOU	EU"
___	___	___	___

- CONTE QUANTAS LETRAS TEM CADA PALAVRA E ESCREVA O NÚMERO NOS QUADRINHOS CORRESPONDENTES.

- FAÇA UM DESENHO QUE REPRESENTE VOCÊ NO ESPAÇO AO LADO.

QUERO SER EU MESMO!

- SUA FAMÍLIA DIZ QUE VOCÊ SE PARECE COM ALGUÉM? CONTE AOS COLEGAS.

SOU EU MESMO

EU SÓ QUERIA SER EU MESMO
E ASSIM, QUERENDO,
AI DE MIM!

VOCÊ TEM
OS OLHOS DA VOVÓ.
VOCÊ TEM
A BOCA DA TITIA.
VOCÊ TEM
OS CABELOS DA MAMÃE.
VOCÊ TEM
AS MÃOS DE TIO ANTÔNIO.
VOCÊ TEM
O NARIZ DO PAPAI.
VOCÊ TEM...

PARA, PARA, PARA,
QUERO SER EU MESMO:

E NÃO O FRANKENSTEIN!

Estúdio Ornitorrinco/Arquivo da editora

111 POEMAS PARA CRIANÇAS, DE SÉRGIO CAPPARELLI.
18. ED. PORTO ALEGRE: L&PM, 2012. P. 75.

- LIGUE OS FAMILIARES ÀS PARTES DO CORPO, DE ACORDO COM O POEMA.

MAMÃE	
VOVÓ	
TIO ANTÔNIO	
PAPAI	
TITIA	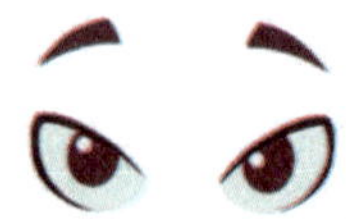

Estúdio Ornitorrinco/Arquivo da editora

PALAVRAS IGUAIS COM SIGNIFICADOS DIFERENTES

- OUÇA COM ATENÇÃO A LEITURA DO TRAVA-LÍNGUA.

AOS **DOMINGOS**

SEU DOMINGOS

DEIXA AS DÍVIDAS,

DEIXA AS DÚVIDAS

E SÓ SE DIVERTE

COM **DADOS**

E **DOMINÓ**.

QUEM LÊ COM PRESSA TROPEÇA: O ABC DO TRAVA-LÍNGUA, DE ELIAS JOSÉ. BELO HORIZONTE: LÊ, 2012. P. 6.

Ollyy/Shutterstock

MidoSemsem /Shutterstock

Serg64/Shutterstock

Mile Atanasov/ Shutterstock

- LIGUE AS PALAVRAS DESTACADAS NO TEXTO ÀS IMAGENS CORRESPONDENTES.
- CONTORNE A LETRA **D** NO INÍCIO DESSAS PALAVRAS.

OUTRAS PALAVRAS

- ACOMPANHE A LEITURA DO PROFESSOR.

[...]
NA CAMA CAIO SONHA COM O CAVALO CORCEL
SACUDINDO A CRINA,
CORRENDO PELOS CAMPOS
CARREGANDO CRISTINA
COM SEU CABELO COR DE MEL.

CORRE, CAIO!, DE GRAÇA LIMA. SÃO PAULO: GLOBAL, 2011. P. 6.

Estúdio Ornitorrinco/Arquivo da editora

- PINTE NO TEXTO TODAS AS PALAVRAS QUE INICIAM COM A LETRA **C**.
- PESQUISE PALAVRAS QUE INICIAM COM A MESMA LETRA DE SEU NOME.
- MONTE ALGUMAS DESSAS PALAVRAS USANDO O ALFABETO MÓVEL E ESCREVA-AS NO QUADRO.

PROCURE O PAR

MATERIAL DE APOIO

- DESTAQUE AS PEÇAS DA **PÁGINA 17** E PROCURE SEU PAR. DICA: AS PALAVRAS COMEÇAM COM A MESMA LETRA.

Estúdio Ornitorrinco/Arquivo da editora

MEU ANIVERSÁRIO!

MATERIAL DE APOIO

- DESTAQUE O CONVITE PARA A FESTA DE ANIVERSÁRIO DE NINA, QUE ESTÁ NA **PÁGINA 19**, COLE-O NO QUADRO ABAIXO E RESPONDA ÀS PERGUNTAS.

- QUANTOS ANOS NINA VAI FAZER? ____

- E VOCÊ, QUANTOS ANOS TEM? PINTE O QUADRINHO QUE MOSTRA A SUA IDADE.

4 ANOS | 5 ANOS | 6 ANOS

QUE BOLO É ESTE?

- ACOMPANHE A LEITURA DO PROFESSOR.

A VIAGEM DE UM BARQUINHO

[...]
— QUE BELEZA, QUE CONSOLO,
EU FAÇO ANIVERSÁRIO
E LEMBRARAM DO MEU BOLO?

AI, QUE BOLO ENCANTADO,
TODO FEITO DE MUDANÇA,
TINHA O GOSTO PREFERIDO
DE QUEM O SABOREASSE:

— MEU BOLO É DE ALFACE,
MISTURADO COM LEGUME —
DIZIA, TODO CRIANÇA,
O GULOSO VAGA-LUME.

— O MEU É DE AIPIM ASSADO,
TEMPERADO COM GOIABA!

— O MEU É DE BRIGADEIRO,
MASTIGO, NUNCA SE ACABA!
[...]

A VIAGEM DE UM BARQUINHO, DE SYLVIA ORTHOF. 2. ED. SÃO PAULO: MODERNA, 2002. P. 34-35. (GIRASSOL).

- IMAGINE COMO SERIA SEU BOLO DE ANIVERSÁRIO. DESENHE-O COM O NÚMERO DE VELINHAS DE SEU PRÓXIMO ANIVERSÁRIO.

QUE POEMA DIFERENTE!

- ACOMPANHE A LEITURA DO PROFESSOR.

L	U	Z	I	A
L	U	Z		
L	U			A
L			I	A
			I	A

LUZIA LIA
NA LUZ DA LUA.
LIA, LIA,
... E IA!

DIÁRIO DE CLASSE, DE BARTOLOMEU CAMPOS DE QUEIRÓS. 2. ED. SÃO PAULO: MODERNA, 2003. P. 40 E 41. (VEREDAS).

- PINTE NOS VERSOS DO POEMA AS PALAVRAS QUE APARECEM NO QUADRO.

- COMPLETE O QUADRO ABAIXO COM AS LETRAS QUE FALTAM PARA QUE EM TODAS AS LINHAS SE LEIA O NOME **LUZIA**.

L	U	Z	I	A
L	U	Z		
L	U			A
L			I	A
			I	A

Estúdio Ornitorrinco/Arquivo da editora

DESTRAVE A LÍNGUA!

- LEIA OS TRAVA-LÍNGUAS A SEGUIR. DEPOIS, CONVERSE COM OS COLEGAS SOBRE ELES.

QUANDO DIGO DIGO,
DIGO DIGO,
NÃO DIGO DIOGO.
QUANDO DIGO DIOGO,
DIGO DIOGO,
NÃO DIGO DIGO.

TRAVA-LÍNGUA POPULAR.

LUZIA LUSTRAVA O LUSTRE LISTRADO,
O LUSTRE LUSTRADO LUZIA.

TRAVA-LÍNGUA POPULAR.

- OBSERVE AS PALAVRAS ABAIXO E DIGA EM QUE ELAS SÃO DIFERENTES.

DIGO

DIOGO

- QUAIS SÃO OS NOMES QUE APARECEM EM CADA TRAVA-LÍNGUA? ESCREVA-OS.

MUDANDO NOMES

- COM OS COLEGAS, TENTE DESCOBRIR QUAIS SÃO OS NOMES DE MENINAS E MENINOS QUE FALTAM NA TABELA E COMPLETE-A.

Estúdio Ornitorrinco/Arquivo da editora

MENINA	MENINO
BRUNA	BRUNO
	FERNANDO
MARIANA	
	ROBERTO
FABIANA	

JOGO DAS PALAVRAS

MATERIAL DE APOIO

- VAMOS BRINCAR DE JOGO DAS PALAVRAS?

REGRAS

1. DESTAQUE AS PEÇAS DA **PÁGINA 19** E CONVIDE DOIS COLEGAS PARA JOGAR COM VOCÊ.
2. ESCREVA O NOME DE UM COLEGA DA TURMA EM UMA TIRA DE PAPEL SEM QUE OS PARTICIPANTES VEJAM QUAL É.
3. FAÇA NO QUADRO ABAIXO UM TRACINHO PARA CADA LETRA DO NOME ESCRITO NA TIRA.
4. UM COLEGA COMEÇA A BRINCADEIRA DIZENDO UMA LETRA QUE ACHA QUE COMPÕE O NOME. SE ESTIVER CORRETA, VOCÊ ESCREVE ESSA LETRA NO(S) TRACINHO(S) CORRESPONDENTE(S). SE ESTIVER ERRADA, VOCÊ ACRESCENTA UMA PARTE DO CORPO DO BONECO NO QUADRO AO LADO.
5. GANHA QUEM ADIVINHAR O NOME ANTES DE O BONECO ESTAR COMPLETO.

PALAVRAS QUE RIMAM

- OUÇA A LEITURA DO TEXTO E CONTORNE AS PALAVRAS QUE RIMAM COM **JOÃO**.

Estúdio Ornitorrinco/Arquivo da editora

[...]
O LEÃO DO LEONARDO
NÃO TEM NOME NÃO
MAS GOSTA DO NOME DE JOÃO
UM AMIGO DE MEU IRMÃO.
E QUANDO EU GRITO JOÃO
VEM O JOÃO E O LEÃO.
[...]

PÉ DE SAPO E SAPATO DE PATO, DE BARTOLOMEU CAMPOS DE QUEIRÓS. 2. ED. SÃO PAULO: EDITORA DO BRASIL, 2011. P. 18 E 19.

- FAÇA COM O PROFESSOR E OS COLEGAS UMA LISTA COM OS NOMES DA TURMA. DEPOIS, ESCOLHA DOIS NOMES DA LISTA PARA ESCREVER NA PRIMEIRA COLUNA DA TABELA.

JOÃO	LEÃO

- AGORA, ESCREVA UMA PALAVRA QUE RIMA COM CADA NOME QUE VOCÊ ESCOLHEU.

SUGESTÃO DE LIVRO

Reprodução/Editora Moderna

NÃO CONFUNDA, DE EVA FURNARI. SÃO PAULO: MODERNA, 2012.

EM QUE ESTES NOMES SÃO IGUAIS?

- LIGUE OS NOMES IGUAIS.
- PINTE A PRIMEIRA E A SEGUNDA LETRA DE CADA NOME.

Dean Drobot/Shutterstock

MARA

MAURO

Ozgur Coskun/Shutterstock

Rido/Shutterstock

MARIA

MARA

Dmytro Vietrov/Shutterstock

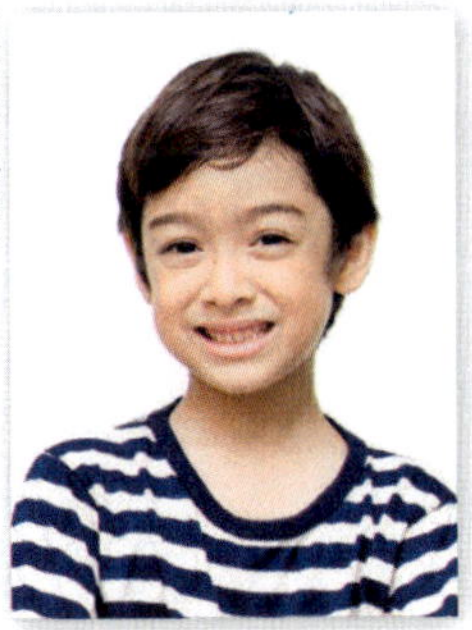
wckiw/Shutterstock

MAURO

MARIA

Kinga/Shutterstock

- ESCREVA ABAIXO SEU NOME E PINTE A PRIMEIRA E A SEGUNDA LETRA DELE.

NOMES DENTRO DE OUTROS NOMES

- ACOMPANHE A LEITURA DESTES NOMES.

ADRIANA
FABIANA
JULIANA
LILIANA
LUCIANA
MARIANA
TATIANA

Estúdio Ornitorrinco/Arquivo da editora

- CONTORNE AS TRÊS ÚLTIMAS LETRAS DE TODOS OS NOMES.
- ESCREVA ESSAS LETRAS NOS QUADRINHOS A SEGUIR. DEPOIS, DIGA O NOME QUE VOCÊ ESCREVEU.

NOVAS PALAVRAS

- ACOMPANHE A LEITURA DO PROFESSOR.

MARCOS

[...]
— DE QUE VOCÊ BRINCA, MARCOS?
— BRINCO DE JOGO DE ARMAR,
BRINCO DE FLECHA E DE ARCO,
BRINCO DE ESCREVER PALAVRAS
COM PEDAÇOS DO MEU NOME:
MARMELADA
COSTUREIRA
MARTELADA
COSTELETA...
[...]

MARCOS, DE SONIA JUNQUEIRA. BELO HORIZONTE: FORMATO, 1990. P. 8 E 9.

Estúdio Ornitorrinco/Arquivo da editora

- CONTORNE NO TEXTO, NAS PALAVRAS QUE MARCOS ESCREVEU, AS PARTES DO NOME DELE.
- AGORA, USE PARTES DE SEU NOME PARA ESCREVER OUTRAS PALAVRAS.

SEU NOME: ______________________________

____

____

QUEM SOU EU?

YURI E SEUS AMIGOS ESTÃO TENTANDO DESVENDAR QUEM É O COLEGA MISTERIOSO. VAMOS BRINCAR TAMBÉM?

Estúdio Ornitorrinco/Arquivo da editora

1. UM ALUNO DEVERÁ ESCREVER O NOME DE UM COLEGA DA CLASSE EM UM PEDAÇO DE PAPEL E GUARDÁ-LO EM UM ENVELOPE PARA QUE SEJA ABERTO AO FINAL DA BRINCADEIRA.
2. EM SEGUIDA, ELE DEVERÁ DESCREVER PARA A TURMA ALGUMAS CARACTERÍSTICAS DO COLEGA QUE ESCOLHEU, POR EXEMPLO:
   - TEM CABELOS COMPRIDOS/CURTOS;
   - É O MAIS ALTO/BAIXO DA TURMA;
   - FAZ ANIVERSÁRIO NO MÊS DE ABRIL;
   - ESTÁ USANDO TÊNIS/SANDÁLIA.
3. TODOS OS PARTICIPANTES VÃO ESCREVER O NOME DO COLEGA MISTERIOSO SEM QUE OS OUTROS VEJAM.
4. UM ALUNO POR VEZ DEVE APRESENTAR O NOME QUE ESCREVEU.
5. DEPOIS QUE TODOS REVELAREM OS NOMES, O ALUNO DEVE MOSTRAR O NOME QUE GUARDOU NO ENVELOPE PARA QUE TODOS SAIBAM QUEM É O COLEGA MISTERIOSO.
6. GANHA QUEM ACERTAR O NOME DO COLEGA MISTERIOSO.

AVÓS

- ACOMPANHE A LEITURA DO PROFESSOR E VEJA OS AVÓS DE JOÃO.

VÔ

MEU VÔ
ME ENSINOU
A PESCAR
LAMBARIS.

MEU VÔ
ME ENSINOU
O PIO
DAS AVES.

[...]

GOSTAR
DO MEU VÔ
NINGUÉM
ME ENSINOU,
PORQUE ISSO
NEM
PRECISOU.

ZUM-ZUM-ZUM E OUTRAS POESIAS, DE LALAU E LAURABEATRIZ. SÃO PAULO: COMPANHIA DAS LETRINHAS, 2011. P. 40 E 41.

Estúdio Ornitorrinco/Arquivo da editora

VOVÔ	VOVÓ
AVÔ	AVÓ
VÔ	VÓ

- QUANTAS LETRAS FORMAM AS PALAVRAS A SEGUIR?

VOVÔ ____ AVÔ ____ VÔ ____

- CONTORNE A DIFERENÇA ENTRE AS PALAVRAS **VOVÔ** E **VOVÓ**.

VOVÔ VOVÓ

SUGESTÃO DE LIVRO

Reprodução/Editora Melhoramentos

VOVÔ NÃO TOMA JEITO!, DE LILIANA IACOCCA E MICHELE IACOCCA. SÃO PAULO: MELHORAMENTOS, 2014. (FAMÍLIA MOREIRA).

A CASA DA AVÓ

- ACOMPANHE A LEITURA DO PROFESSOR.

Estúdio Omitorrinco/Arquivo da editora

DESEJO DO CHEIRO DA CASA DA AVÓ

TUDO O QUE A AVÓ FABRICA
EM SUA COZINHA ENCANTADA
TEM CHEIRO **BOM**:
BOLO DE CHOCOLATE,
BISCOITO DE NATA,
SONHOS EMBRULHADOS
EM AÇÚCAR E CANELA,
QUE SÃO COMO NUVENS
NO CÉU DA **BOCA** E EXPULSAM
QUALQUER PESADELO.
[...]

POÇO DOS DESEJOS, DE ROSEANA MURRAY.
SÃO PAULO: MODERNA, 2014. P. 24. (VEREDAS).

- O QUE AS PALAVRAS DESTACADAS NO POEMA TÊM EM COMUM?
- COMPLETE A CRUZADINHA AO LADO USANDO ESSAS PALAVRAS.

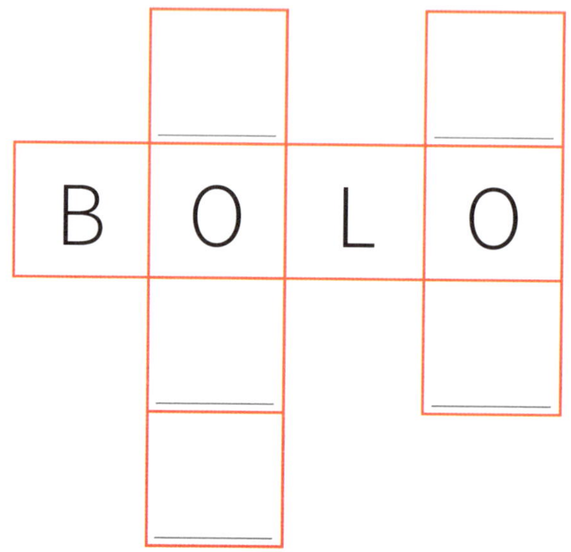

TITIA, TITIA...

• ACOMPANHE A LEITURA DO PROFESSOR.

[...]
A TIA CARLOTA
TRICOTA E TRICOTA.
AI, COMO TRICOTA
A TIA CARLOTA!

O RATO ROENDO
O VELHO SAPATO
DA TIA CARLOTA...
A TIA CARLOTA
NEM NOTA, NEM NOTA!
[...]

TIA CARLOTA TRICOTA E TRICOTA, DE SYLVIA ORTHOF. 5. ED. SÃO PAULO: PAULINAS, 2006. (LUA NOVA). P. 6-7.

Estúdio Ornitorrinco/Arquivo da editora

• OBSERVE AS PALAVRAS QUE RIMAM NO TEXTO. QUAIS SÃO AS LETRAS QUE FORMAM AS RIMAS? PINTE-AS.
• ESCREVA NOS QUADRINHOS AS LETRAS QUE VOCÊ PINTOU NO POEMA.

ALGUÉM PARA CHAMAR

- QUAL É O NOME DA PESSOA DA SUA FAMÍLIA QUE VOCÊ NÃO SE CANSA DE CHAMAR? ESCREVA-O ABAIXO.

- QUEM É ESSA PESSOA? CONTORNE.

PAI	MÃE	IRMÃO	
IRMÃ	AVÔ	AVÓ	TIO
TIA	PRIMO	PRIMA	

- AGORA, FAÇA O DESENHO DESSA PESSOA.

DESCOBRINDO NOMES NA FAMÍLIA

- PEÇA A UM ADULTO QUE ESCREVA, EM LETRA DE FORMA MAIÚSCULA, TRÊS NOMES DE SEUS FAMILIARES.

NOMES DA MINHA FAMÍLIA

- LEIA PARA A TURMA OS NOMES ESCRITOS ACIMA.
- COM A AJUDA DE UM COLEGA, LEIA OS NOMES QUE AINDA NÃO CONHECE.
- ESCOLHA UM DESSES NOMES E ESCREVA-O ABAIXO.

- LEIA ESSE NOME PARA OS COLEGAS DE CLASSE.

A FAMÍLIA DE ISA

• VEJA UMA PARTE DA ÁRVORE GENEALÓGICA DA FAMÍLIA DE ISA.

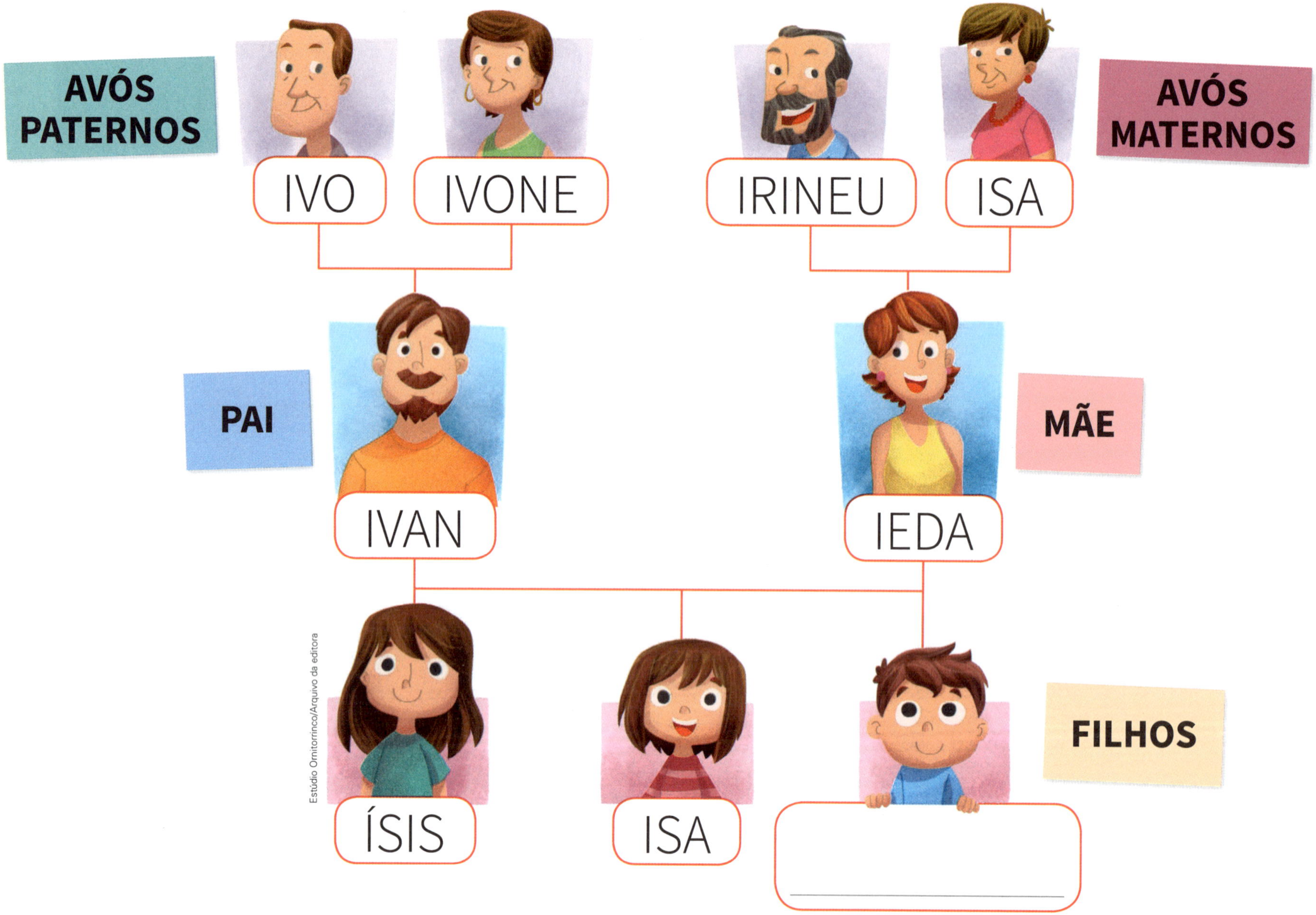

Estúdio Ornitorrinco/Arquivo da editora

• DESCUBRA UMA CURIOSIDADE NO NOME DAS PESSOAS DESSA FAMÍLIA E CONTE AOS COLEGAS. DEPOIS, IMAGINE UM NOME PARA O IRMÃO DE ISA.

HORA DO JOGO E DA BRINCADEIRA

MATERIAL DE APOIO

BINGO DOS NOMES

A TURMA DE YURI ESTÁ BRINCANDO DE BINGO. OUÇA AS INSTRUÇÕES E BRINQUE COM OS COLEGAS TAMBÉM.

PARTICIPANTES

A TURMA TODA

REGRAS

1. DESTAQUE AS PEÇAS DA **PÁGINA 21**.
2. ESCOLHA TRÊS NOMES DE PERSONAGENS E ESCREVA-OS EM SUA CARTELA.
3. DEPOIS QUE TODOS ESTIVEREM COM AS CARTELAS DE BINGO PRONTAS, UM ALUNO COLOCA OS NOMES DOS PERSONAGENS EM UM SAQUINHO E VAI À FRENTE DA SALA.
4. O ALUNO DEVE SORTEAR UM NOME, MOSTRÁ-LO PARA OS COLEGAS E DIZER O NOME DO PERSONAGEM.
5. VERIFIQUE SE O NOME SORTEADO FOI UM DOS NOMES ESCRITOS NA SUA CARTELA DE BINGO. SE O NOME ESTIVER NA CARTELA, COLOQUE A PEÇA COM O NOME DO PERSONAGEM SOBRE ELE.
6. O PRIMEIRO A PREENCHER A CARTELA GRITA “BINGO” E VENCE A RODADA.

Estúdio Ornitorrinco/Arquivo da editora

VOCÊ TEM MEDO DE QUÊ?

- DESENHE ALGO QUE REPRESENTE UM MEDO SEU. DEPOIS, CONTE AOS COLEGAS SUA HISTÓRIA SOBRE ELE.

- QUAIS MEDOS VOCÊ TEM? CRIE TAMBÉM PALAVRAS PARA TRANSFORMAR SEUS MEDOS.

SUGESTÃO DE LIVRO

CHAPEUZINHO AMARELO, DE CHICO BUARQUE. SÃO PAULO: JOSÉ OLYMPIO, 2003.

UNIDADE 2

TUDO TEM HISTÓRIA

Estúdio Ornitorrinco/Arquivo da editora

QUAIS SÃO AS DIFERENÇAS ENTRE OS PRIMEIROS TELEFONES E OS CELULARES ATUAIS?

A RODA

MATERIAL DE APOIO

- ACOMPANHE A LEITURA DOS TRECHOS DAS CANTIGAS COM O PROFESSOR.

A RODA DO ÔNIBUS

A **RODA** DO ÔNIBUS
GIRA, GIRA,
GIRA, GIRA,
GIRA, GIRA,
A **RODA** DO ÔNIBUS
GIRA, GIRA,
PELA CIDADE
[...]

RODA, PIÃO

O PIÃO ENTROU NA **RODA**, Ô PIÃO
O PIÃO ENTROU NA **RODA**, Ô PIÃO
RODA, PIÃO; BAMBEIA, PIÃO
RODA, PIÃO; BAMBEIA, PIÃO
[...]

CANTIGAS POPULARES.

- DESTAQUE AS FIGURAS DA **PÁGINA 23** E COLE-AS NOS QUADROS CORRETOS.
- CONTORNE A PALAVRA **RODA** EM CADA TRECHO CITADO. ESCREVA-A NOS QUADRINHOS.

SUGESTÃO DE LIVRO

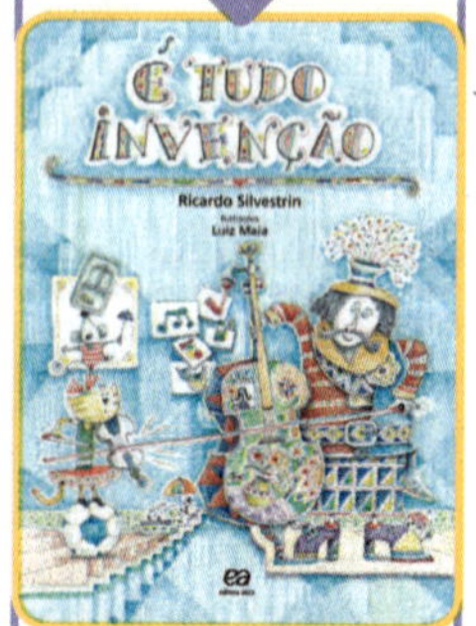

É TUDO INVENÇÃO, DE RICARDO SILVESTRIN. SÃO PAULO: ÁTICA, 2003.

OUTRAS RODAS

- CONVERSE SOBRE OUTROS USOS DA PALAVRA **RODA**.
- OBSERVE AS IMAGENS E COMPLETE AS PALAVRAS.

Sergio Pedreira/Pulsar Imagens

_ _ _ _   _ _

S A M _ _

Alamy/Fotoarena

_ _ _ _   _ _

_ _ _ _ E I R A

QUANTAS INVENÇÕES!

- ACOMPANHE A LEITURA FEITA PELO PROFESSOR.

[...] BRISA E LOLO CHEGAVAM EM CASA CEDO, BEIJAVAM O FILHO, MAS DEPOIS AINDA PRECISAVAM FAZER O JANTAR, LAVAR A LOUÇA, A ROUPA, PASSAR PANO NO CHÃO. A CASA DELES, AGORA, ERA LIMPINHA, CONFORTÁVEL E TINHA COMIDA GOSTOSA, MAS ERA UMA TRABALHEIRA SEM FIM.

ACHARAM QUE A SOLUÇÃO DEFINITIVA ERA FACILITAR AINDA MAIS AS TAREFAS DO LAR. [...] ELES INVENTARAM OS **ELETRODOMÉSTICOS**. **MICRO-ONDAS**, **CENTRÍFUGA**, **FORNINHO**, **BATEDEIRA**, **SANDUICHEIRA**.

LIQUIDIFICADOR, **ESPREMEDOR**, **ASPIRADOR DE PÓ**, **COMPUTADOR**. **MÁQUINA DE LAVAR ROUPA**, **LOUÇA**, **SECADORA**, **GELADEIRA**, **FREEZER**.

E, NO FIM DE SEMANA, QUANDO, FINALMENTE, ELES IAM DESCANSAR, PERCEBERAM QUE TINHAM ESQUECIDO DE INVENTAR A TOMADA. [...]

LOLO BARNABÉ, DE EVA FURNARI. 2. ED. SÃO PAULO: MODERNA, 2010. P. 18-19. (SÉRIE DO AVESSO).

vovan/Shutterstock

Chesky/Shutterstock

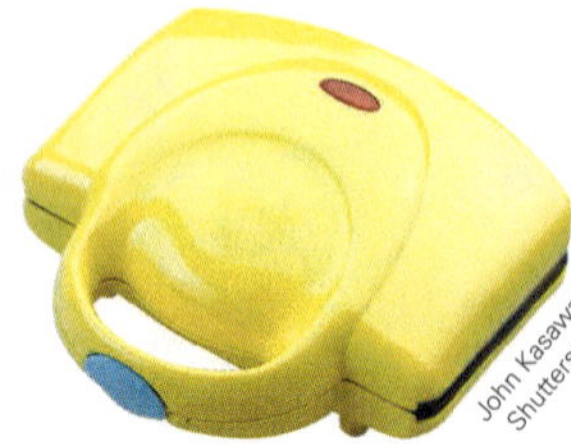
John Kasawa/Shutterstock

Customdesigner/Shutterstock

ViadaKela/Shutterstock

dencg/Shutterstock

- CONVERSE COM OS COLEGAS SOBRE AS INVENÇÕES QUE APARECEM NO TEXTO.
- ESCREVA AO LADO O NOME DE UMA INVENÇÃO QUE VOCÊ CONSIDERA MUITO IMPORTANTE.

O QUE VOCÊ QUER DIZER?

DESDE MUITO TEMPO, OS DESENHOS SÃO UTILIZADOS PARA A COMUNICAÇÃO.

- OBSERVE AS IMAGENS. O QUE ELAS RETRATAM?

PINTURA RUPESTRE EM SERRA DA CAPIVARA, PIAUÍ, BRASIL.

- CRIE UMA MENSAGEM PARA UM COLEGA UTILIZANDO SOMENTE DESENHOS.

SUGESTÃO DE LIVRO

O LIVRO DA ESCRITA, DE RUTH ROCHA E OTÁVIO ROTH. SÃO PAULO: MELHORAMENTOS, 2014.

VESTIMENTA

• ACOMPANHE A LEITURA FEITA PELO PROFESSOR.

NA PRÉ-HISTÓRIA, OS SERES HUMANOS SE VESTIAM COM PELES DE ANIMAIS QUE ELES HAVIAM CAÇADO PARA COMER.

[...]

MODA: UMA HISTÓRIA PARA CRIANÇAS, DE KATIA CANTON E LUCIANA SCHILLER. SÃO PAULO: COSAC NAIFY, 2008. (ADAPTADO.)

Estúdio Ornitorrinco/Arquivo da editora

• DE ACORDO COM O TEXTO, COMO AS PESSOAS SE VESTIAM?

• PESQUISE IMAGENS DE DUAS PEÇAS DE ROUPAS USADAS ATUALMENTE E COLE-AS NO QUADRO ABAIXO. DEPOIS, ESCREVA O NOME DELAS.

O AUTOMÓVEL

- ACOMPANHE A LEITURA DA ADIVINHA FEITA PELO PROFESSOR.

QUEM ME INVENTOU CERTAMENTE TINHA PRESSA DE IR E VIR.

ATUALMENTE, SOU BEM DIFERENTE: MUITOS MODELOS, MUITAS MARCAS, MUITAS UTILIDADES...

MAS, APESAR DO TEMPO E DAS TRANSFORMAÇÕES QUE TENHO SOFRIDO, ALGUMAS COISAS NÃO MUDARAM...

AINDA TENHO QUATRO RODAS, PORTA-MALAS E DIREÇÃO!

QUEM SOU EU?

NOEMI BIANCHINI DANTE.

- DESENHE UMA IMAGEM QUE REPRESENTE ESSE MEIO DE TRANSPORTE.

QUANDO FOI INVENTADO	ATUALMENTE

SUGESTÃO DE LIVRO

Reprodução/Companhia das Letrinhas

EU ME LEMBRO, DE GERDA BRENTANI. SÃO PAULO: COMPANHIA DAS LETRINHAS, 1996.

INVENTORES

- ACOMPANHE A LEITURA DO TEXTO COM O PROFESSOR.

ANN MAKOSINSKI – INVENTORA

ERA UMA VEZ UMA GAROTA QUE NÃO PODIA ESTUDAR QUANDO ANOITECIA PORQUE A CASA DELA NÃO TINHA ELETRICIDADE. UM DIA, SUA AMIGA ANN VEIO VISITÁ-LA E JUNTAS CONVERSARAM SOBRE O PROBLEMA.

[...]

"E SE EU PUDESSE INVENTAR UMA LANTERNA QUE É ENERGIZADA PELO SEU CORPO?" ANN PERGUNTOU PARA A AMIGA. "AFINAL, NOSSO CORPO DISPERSA MUITA ENERGIA NA FORMA DE CALOR."

[...]

ASSIM, COMEÇOU A TRABALHAR NESSA NOVA LANTERNA MISTERIOSA.

HISTÓRIAS DE NINAR PARA GAROTAS REBELDES, DE ELENA FAVILI E FRANCESCA CAVALLO. SÃO PAULO: VERGARA & RIBA, 2017. P. 16.

ANN MAKOSINSKI SEGURANDO A LANTERNA QUE FUNCIONA COM O CALOR DAS MÃOS.

- AGORA, VOCÊ E OS COLEGAS SÃO INVENTORES! REGISTRE SUA INVENÇÃO NO ESPAÇO ABAIXO.

DIFERENTES LUGARES PARA VIVER

VOCÊ SÓ PRECISA ESCOLHER UM LUGAR...

- LEIA AS PLACAS E SIGA PARA UMA EXPERIÊNCIA INESQUECÍVEL!

- ESCOLHA COM OS COLEGAS UM PAÍS PARA ONDE IRIAM JUNTOS. DEPOIS, CRIEM UMA HISTÓRIA PARA CONTAR COMO SERIA ESSA EXPERIÊNCIA.
- FAÇA UM DESENHO PARA REPRESENTAR O QUE VIVERAM NESSE PAÍS.

PAÍS E ESTADO

- CANTE O TRECHO DESTA CANÇÃO E DIVIRTA-SE!

BRASIL

UM PAÍS TÃO GRANDE ASSIM...
NATUREZA DE ENCANTAR
BRAÇOS ABERTOS PRA RECEBER
QUEM VEM DE TODO LUGAR!

- ESCREVA O NOME DO PAÍS EM QUE VIVEMOS E DO ESTADO EM QUE VOCÊ MORA.

____

____

BRASIL POLÍTICO. ADAPTADO DE: <HTTP://ATLASESCOLAR.IBGE.GOV.BR/IMAGES/ATLAS/MAPAS_BRASIL/BRASIL_POLITICO.PDF>. ACESSO EM: 24 ABR. 2020.

- O QUE VOCÊ SABE SOBRE O ESTADO EM QUE MORA? CONTE AOS COLEGAS E LOCALIZE-O NO MAPA.

PRIMEIRAS CIDADES DO BRASIL

- FAÇA UMA PESQUISA E DESCUBRA QUAIS SÃO AS CINCO CIDADES MAIS ANTIGAS DO BRASIL.
- ESCREVA DOIS DESSES NOMES NAS LINHAS ABAIXO.

Estúdio Ornitorrinco/Arquivo da editora

SUGESTÃO DE LIVRO

Reprodução/Editora Cassol

GRITOLÂNDIA, DE LÉIA CASSOL E RENATO VELHO. PORTO ALEGRE: CASSOL, 2013.

CASA

• CANTE O TRECHO DA CANÇÃO E DIVIRTA-SE!

A CASA É SUA

[...]
NÃO ME FALTA **BANHEIRO**, QUARTO
ABAJUR, **SALA** DE JANTAR
NÃO ME FALTA **COZINHA**
SÓ FALTA A CAMPAINHA TOCAR
[...]
A CASA É SUA
POR QUE NÃO CHEGA AGORA?
ATÉ O TETO TÁ DE PONTA-CABEÇA PORQUE VOCÊ DEMORA
[...]

IÊ, IÊ, IÊ (CD), DE ARNALDO ANTUNES. ROSA CELESTE, 2009.

• ESCREVA NAS LINHAS ABAIXO AS PALAVRAS DESTACADAS NA LETRA DA CANÇÃO.

____

____

____

• DESENHE SUA CASA.

BRINCAR COM RIMAS

- OUÇA COM ATENÇÃO A LEITURA DO POEMA.

A CASA

— NÃO SOU **TOLO**,
SOU **TIJOLO**.
TENHO AMIGOS
NA PAREDE.
CRESÇO MURO,
SOU SEGURO,
E PROTEJO
MUITA GENTE.

— SOU **CIMENTO**,
SOU **CIUMENTO**:
QUERO TUDO
PARA MIM.
ONDE ENCOSTO
NADA SOLTA,
TUDO EM VOLTA
FICA ASSIM.

[...]

AMIGOS DO PEITO, DE CLÁUDIO THEBAS. 15. ED.
BELO HORIZONTE: FORMATO, 2011. P. 5.

- CONTORNE NO POEMA O NOME DE DOIS MATERIAIS DE CONSTRUÇÃO E PINTE AS PALAVRAS QUE RIMAM COM ESSES NOMES.

- COMPLETE AS PALAVRAS ABAIXO.

T	O	___	___

___	___	J	O	___	___

___	___	M	E	N	___	___

___	___	___	M	E	N	___	___

VAMOS RIR UM POUCO?

- ACOMPANHE A PIADA QUE O PROFESSOR VAI LER.

IRMÃ ESPERTA

RAFAEL ESTAVA CONVERSANDO COM PEDRO. CONVERSA VAI, CONVERSA VEM, RAFAEL DIZ:

— PEDRO, VOCÊ NÃO SABE DA MAIOR.

— O QUÊ?

— MINHA IRMÃ DE 3 ANOS SABE FALAR O NOME DELA DE TRÁS PARA FRENTE.

— COMO É QUE ELA SE CHAMA? — PERGUNTA PEDRO.

— ANA — RESPONDE RAFAEL.

PIADAS PARA CRIANÇAS: PIADAS, BRINCADEIRAS E MUITA DIVERSÃO!, ORGANIZAÇÃO DE W. SAGARDOY E K. TAMAKI. SÃO PAULO: CLIO, 2013. P. 34.

Estúdio Ornitorrinco/Arquivo da editora

- ESCREVA O NOME DE CADA FIGURA.
- DEPOIS, PINTE AS PALAVRAS QUE PODEM SER LIDAS DE TRÁS PARA A FRENTE COM O MESMO SIGNIFICADO.

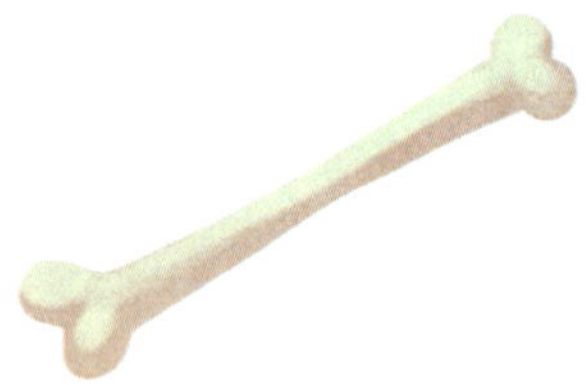

Ilustrações: Estúdio Ornitorrinco/Arquivo da editora

QUE RUA É ESTA?

- ACOMPANHE A LEITURA FEITA PELO PROFESSOR.

NO MUNDO DA LUA

VOU INVENTAR **UMA RUA**
ONDE SE PINTE E BORDE,
SE FAÇA E ACONTEÇA
SE CANTE E DANCE,
SE PLANTEM CORAÇÕES...
UMA RUA ONDE TODOS VIVAM
NO MUNDO DA **LUA**.

NO MUNDO DA LUA, DE ROSEANA MURRAY.
SÃO PAULO: PAULUS, 2011.

- O QUE A PESSOA DO POEMA VAI INVENTAR? CONTORNE NO POEMA.
- COMPLETE OS ESPAÇOS ABAIXO COM PALAVRAS DO POEMA.

UMA ________________ ONDE TODOS VIVAM

NO MUNDO DA ________________.

- AGORA É A SUA VEZ! CRIE UMA RUA E DESENHE-A.

- CONTE AOS COLEGAS COMO É A RUA QUE VOCÊ CRIOU.

VAMOS FAZER UM PASSEIO?

- SIGA AS ORIENTAÇÕES DO PROFESSOR E BRINQUE COM OS COLEGAS. VOCÊS VÃO FAZER UM PASSEIO IMAGINÁRIO A UMA FAZENDA!
- DEPOIS, DESENHE A PARTE DE QUE VOCÊ MAIS GOSTOU NO PASSEIO, DE ACORDO COM A SUA IMAGINAÇÃO.

Estúdio Ornitorrinco/Arquivo da editora

AMANHECER, ANOITECER

- ACOMPANHE A LEITURA FEITA PELO PROFESSOR.

O SOL
BEM DEVAGARINHO
SE ESCONDEU
NO HORIZONTE.
O DIA TERMINOU?

NOEMI BIANCHINI DANTE.

nadiya_sergey /Shutterstock

QUANDO AMANHECE.

TSN52 /Shutterstock

QUANDO ANOITECE.

- ESCREVA ABAIXO A HORA QUE VOCÊ IMAGINA QUE O SOL DESAPARECE NO HORIZONTE:

_____ HORAS

- OBSERVE ESSE MOMENTO DURANTE ALGUNS DIAS E VERIFIQUE SE ACERTOU.

SUGESTÃO DE LIVRO

Reprodução/Editora Brinque-Book

ESTELA, PRINCESA DO CÉU, DE MARIE-LOUISE GAY. TRAD. GILDA DE AQUINO. SÃO PAULO: BRINQUE-BOOK, 2007.

O CALENDÁRIO

- LEIA A ADIVINHA E TENTE DESCOBRIR A RESPOSTA.

TENHO NÚMEROS DE 1 A 31.

MARCO OS DIAS, AS SEMANAS E OS MESES DO ANO.

GERALMENTE SOU DE PAPEL.

POSSO SER COLOCADO NA MESA E NA PAREDE.

QUEM SOU EU?

Estúdio Ornitorrinco/Arquivo da editora

MATERIAL DE APOIO

- DESTAQUE A FIGURA DA **PÁGINA 23** E COLE-A NO QUADRO ABAIXO.

- COMPLETE A PALAVRA.

___	___	L	E	N	D	Á	___	___	___

DIA, MÊS E ANO

• ACOMPANHE COM O PROFESSOR A LEITURA DA QUADRINHA.

SOMOS DOZE EM UM ANO
MAS NÃO SOMOS SEMPRE IGUAIS
DE QUATRO EM QUATRO ANOS
EU TENHO UM DIA A MAIS!

NOEMI BIANCHINI DANTE.

• OBSERVE O CALENDÁRIO ANUAL.

JANEIRO

DOM.	SEG.	TER.	QUA.	QUI.	SEX.	SÁB.
					1	2
3	4	5	6	7	8	9
10	11	12	13	14	15	16
17	18	19	20	21	22	23
24	25	26	27	28	29	30
31						

FEVEREIRO

DOM.	SEG.	TER.	QUA.	QUI.	SEX.	SÁB.
	1	2	3	4	5	6
7	8	9	10	11	12	13
14	15	16	17	18	19	20
21	22	23	24	25	26	27
28						

MARÇO

DOM.	SEG.	TER.	QUA.	QUI.	SEX.	SÁB.
	1	2	3	4	5	6
7	8	9	10	11	12	13
14	15	16	17	18	19	20
21	22	23	24	25	26	27
28	29	30	31			

ABRIL

DOM.	SEG.	TER.	QUA.	QUI.	SEX.	SÁB.
				1	2	3
4	5	6	7	8	9	10
11	12	13	14	15	16	17
18	19	20	21	22	23	24
25	26	27	28	29	30	

MAIO

DOM.	SEG.	TER.	QUA.	QUI.	SEX.	SÁB.
						1
2	3	4	5	6	7	8
9	10	11	12	13	14	15
16	17	18	19	20	21	22
23	24	25	26	27	28	29
30	31					

JUNHO

DOM.	SEG.	TER.	QUA.	QUI.	SEX.	SÁB.
		1	2	3	4	5
6	7	8	9	10	11	12
13	14	15	16	17	18	19
20	21	22	23	24	25	26
27	28	29	30			

JULHO

DOM.	SEG.	TER.	QUA.	QUI.	SEX.	SÁB.
				1	2	3
4	5	6	7	8	9	10
11	12	13	14	15	16	17
18	19	20	21	22	23	24
25	26	27	28	29	30	31

AGOSTO

DOM.	SEG.	TER.	QUA.	QUI.	SEX.	SÁB.
1	2	3	4	5	6	7
8	9	10	11	12	13	14
15	16	17	18	19	20	21
22	23	24	25	26	27	28
29	30	31				

SETEMBRO

DOM.	SEG.	TER.	QUA.	QUI.	SEX.	SÁB.
			1	2	3	4
5	6	7	8	9	10	11
12	13	14	15	16	17	18
19	20	21	22	23	24	25
26	27	28	29	30		

OUTUBRO

DOM.	SEG.	TER.	QUA.	QUI.	SEX.	SÁB.
					1	2
3	4	5	6	7	8	9
10	11	12	13	14	15	16
17	18	19	20	21	22	23
24	25	26	27	28	29	30
31						

NOVEMBRO

DOM.	SEG.	TER.	QUA.	QUI.	SEX.	SÁB.
	1	2	3	4	5	6
7	8	9	10	11	12	13
14	15	16	17	18	19	20
21	22	23	24	25	26	27
28	29	30				

DEZEMBRO

DOM.	SEG.	TER.	QUA.	QUI.	SEX.	SÁB.
			1	2	3	4
5	6	7	8	9	10	11
12	13	14	15	16	17	18
19	20	21	22	23	24	25
26	27	28	29	30	31	

R2 Editorial/Arquivo da editora

• CONTORNE O MÊS QUE TEM APENAS 28 DIAS.

• COMPLETE O NOME DOS MESES ABAIXO. ELES TÊM 31 DIAS.

___	___	N	E	I	___	___

___	___	___	Ç	O

___	___	___	___

___	___	L	H	O

A	G	O	S	___	___

O	U	___	___	___	___	___

___	___	Z	E	M	___	___	___

MEU DIA COMEÇA ASSIM...

- ACOMPANHE A LEITURA FEITA PELO PROFESSOR.

TRRRIIIMMM!
O DIA COMEÇA ASSIM.

AO SOM DO
DESPERTADOR,
NINA PUXA
O COBERTOR.

COBRE O ROSTO,
SE ESCONDE.
— O QUÊ? QUANDO?
COMO? ONDE?

— JÁ É HORA
DE ACORDAR?!
SÓ MAIS CINCO
MINUTINHOS...
EU SÓ QUERO
ESPREGUIÇAR!
[...]

PALAVRINHA OU PALAVRÃO?, DE KARIN SÁ REGO. SÃO PAULO: COMPANHIA DAS LETRINHAS, 2010.

- LIGUE CADA FIGURA À PALAVRA QUE REPRESENTA O SOM CORRESPONDENTE.

TRRRIIIMMM!

AU-AU!

PRIIIII!

CHUÁÁÁ!

Ilustrações: Estúdio Omitorrinco/Arquivo da editora

SUGESTÃO DE LIVRO

Reprodução/Companhia das Letrinhas

PALAVRINHA OU PALAVRÃO?, DE KARIN SÁ REGO. COMPANHIA DAS LETRINHAS, 2010.

BANHO É BOM!

- LEIA A HISTÓRIA EM QUADRINHOS E CONVERSE COM OS COLEGAS SOBRE ELA.

DISPONÍVEL EM: <WWW.MONICA.COM.BR/COOKPAGE/COOKPAGE.CGI?!PAG=COMICS/TIRINHAS/TIRA284>. ACESSO EM: 13 FEV. 2013.

- OBSERVE ALGUNS HÁBITOS SAUDÁVEIS. COMPLETE AS PALAVRAS.

CORTAR AS | ___ | N | H | ___ | S |

ESCOVAR OS | D | E | N | ___ | ___ | S |

PENTEAR OS | ___ | ___ | ___ | ___ | ___ | ___ | ___ |

BRINCADEIRA COM PALAVRAS

- ACOMPANHE ATENTAMENTE A LEITURA DO TRAVA-LÍNGUA.

É UM DEDO, É UM DADO, É UM DIA.

É UM DIA, É UM DADO, É UM DEDO.

É UM DEDO, É UM DIA, É UM DADO.

É UM DADO, É UM DEDO, É UM DIA.

TRAVA-LÍNGUA POPULAR.

Estúdio Ornitorrinco/Arquivo da editora

- PINTE NO TEXTO TODAS AS PALAVRAS **DEDO**, **DADO** E **DIA**. USE A MESMA COR PARA AS PALAVRAS IGUAIS.
- AGORA, ESCREVA ESSAS PALAVRAS ABAIXO. COLOQUE UMA LETRA EM CADA QUADRINHO.

- QUAL É A LETRA QUE MAIS SE REPETE NESSAS PALAVRAS?

GULOSA?

- ACOMPANHE A LEITURA FEITA PELO PROFESSOR E FIQUE ATENTO ÀS PALAVRAS QUE RIMAM.

SEMANA DA MENINA GULOSA

NA SEGUNDA, COMO PÃO.
NA TERÇA, LEITE EU BEBO.
NA QUARTA, PAPO GEMADA.
NA QUINTA, DEVORO COALHADA.
NA SEXTA, COMO PESCADA.
NO SÁBADO, BAU, BAU, BACALHAU.
NO DOMINGO, NEM FAÍSCA DO QUEIJO DEIXO.

DIGA-ME, AGORA, SENHORA:
SOU OU NÃO SOU GULOSA?

QUEM FAZ OS DIAS DA SEMANA?, DE LÚCIA PIMENTEL GÓES. SÃO PAULO: LAROUSSE, 2005. P. 20. (BANQUETE FOLCLÓRICO).

Alfonso de Tomas/Shutterstock

- QUANTOS DIAS TEM UMA SEMANA?

[ ] DIAS

- CONTORNE NO POEMA O NOME DE CADA DIA DA SEMANA.
- CONTORNE AS LETRAS QUE FORMAM A RIMA DAS PALAVRAS ABAIXO.

GEMADA

COALHADA

PESCADA

- AGORA, ESCREVA CADA UMA DESSAS LETRAS NOS QUADRINHOS.

[ ] [ ] [ ]

SOPA DE LETRINHAS

SOPA DE LETRINHAS

NA PRIMEIRA
COLHERADA,
VEIO UMA
PALAVRA ESQUISITA:
CHISTUGOVITA.
NA SEGUNDA,
APARECEU UMA
PALAVRA SONORA:
FLOCTFLORA.
[...]
DEPOIS,
OLHANDO PARA
AQUELE PRATO FUNDO,
PERCEBI
QUE TINHA COMIDO
AS PALAVRAS
MAIS DOIDINHAS
DO MUNDO.

ZUM-ZUM-ZUM E OUTRAS POESIAS, DE LALAU E LAURABEATRIZ. SÃO PAULO: COMPANHIA DAS LETRINHAS, 2007. P. 10-11.

Estúdio Ornitorrinco/Arquivo da editora

- VOCÊ CONSEGUE LER ESTAS PALAVRAS FORMADAS PELAS LETRINHAS DA SOPA?

CHISTUGOVITA

FLOCTFLORA

- SEPARE AS LETRAS DESSAS PALAVRAS NO ALFABETO MÓVEL E FORME PALAVRAS QUE VOCÊ CONHEÇA.
- ESCREVA NAS LINHAS ABAIXO AS PALAVRAS QUE VOCÊ FORMOU.

O CADERNO DE PALAVRAS

- ACOMPANHE COM O PROFESSOR A LEITURA DO TEXTO.

JOÃO É UM MENINO MUITO CURIOSO. DEPOIS QUE ENTROU NA ESCOLA, ESTÁ SEMPRE BUSCANDO RESPOSTAS PARA SUAS PERGUNTAS. OUTRO DIA, OBSERVANDO BEM O QUE A PROFESSORA DIZIA, DESCOBRIU A IMPORTÂNCIA DA ESCRITA E DAS PALAVRAS PARA REGISTRAR SUAS DESCOBERTAS. A PARTIR DE ENTÃO, PASSOU A TENTAR ESCREVER TODAS AS PALAVRAS QUE CONSIDERA INTERESSANTES.

NOEMI BIANCHINI DANTE.

- FAÇA COMO JOÃO E REGISTRE SUAS PALAVRAS AQUI.

MINHAS PALAVRAS

NO MUNDO EM QUE VIVEMOS TEMOS... ESCOLAS!

- ACOMPANHE A LEITURA FEITA PELO PROFESSOR.

UM DIA MAMÃE ME DISSE:

— SEGUNDA-FEIRA VOCÊ VAI PRA ESCOLA.

— ESCOLA? NÃO GOSTO.

— MAS... BIBI, VOCÊ NEM SABE COMO É.

[...]

BIBI VAI PARA A ESCOLA, DE ALEJANDRO ROSAS. SÃO PAULO: SCIPIONE, 2012. P. 5-7. (PRIMEIRAS DECISÕES).

Estúdio Ornitorrinco/Arquivo da editora

- CONTORNE NO TEXTO A PALAVRA **ESCOLA** TODAS AS VEZES QUE ELA APARECE.
- ESCREVA AS PALAVRAS QUE FALTAM PARA COMPLETAR A FRASE:

________________ VAI PARA A ________________ .

- CONSTRUA MAQUETES DE DIFERENTES ESPAÇOS DE SUA ESCOLA.

SUGESTÕES DE LIVROS

Reprodução/Editora Scipione

BIBI VAI PARA A ESCOLA, DE ALEJANDRO ROSAS. SÃO PAULO: SCIPIONE, 2012. (PRIMEIRAS DECISÕES).

Reprodução/Editora Ática

QUEM ME DERA, DE ANA MARIA MACHADO. SÃO PAULO: ÁTICA, 2013.

UMA DATA IMPORTANTE

A TURMA DO YURI VAI COMEMORAR O ANIVERSÁRIO DA ESCOLA.

- PARA SABER EM QUE MÊS É A COMEMORAÇÃO, PINTE O NOME DO ÚNICO MÊS QUE TERMINA COM UMA LETRA DIFERENTE DAS DE TODOS OS OUTROS.

JANEIRO
FEVEREIRO
MARÇO
ABRIL
MAIO
JUNHO
JULHO
AGOSTO
SETEMBRO
OUTUBRO
NOVEMBRO
DEZEMBRO

- AGORA, ESCREVA UMA LETRA EM CADA QUADRINHO E FORME O NOME DO MÊS EM QUE É REALIZADA A FESTA DO ANIVERSÁRIO DA ESCOLA EM QUE YURI ESTUDA.

Estúdio Ornitorrinco/Arquivo da editora

AGORA É COM VOCÊ!

- QUANDO É O ANIVERSÁRIO DA ESCOLA EM QUE VOCÊ ESTUDA? PESQUISE.
- CONTORNE NO CALENDÁRIO O NOME DO MÊS EM QUE A ESCOLA EM QUE VOCÊ ESTUDA FAZ ANIVERSÁRIO.

JANEIRO

DOM.	SEG.	TER.	QUA.	QUI.	SEX.	SÁB.
					1	2
3	4	5	6	7	8	9
10	11	12	13	14	15	16
17	18	19	20	21	22	23
24	25	26	27	28	29	30
31						

FEVEREIRO

DOM.	SEG.	TER.	QUA.	QUI.	SEX.	SÁB.
	1	2	3	4	5	6
7	8	9	10	11	12	13
14	15	16	17	18	19	20
21	22	23	24	25	26	27
28						

MARÇO

DOM.	SEG.	TER.	QUA.	QUI.	SEX.	SÁB.
	1	2	3	4	5	6
7	8	9	10	11	12	13
14	15	16	17	18	19	20
21	22	23	24	25	26	27
28	29	30	31			

ABRIL

DOM.	SEG.	TER.	QUA.	QUI.	SEX.	SÁB.
				1	2	3
4	5	6	7	8	9	10
11	12	13	14	15	16	17
18	19	20	21	22	23	24
25	26	27	28	29	30	

MAIO

DOM.	SEG.	TER.	QUA.	QUI.	SEX.	SÁB.
						1
2	3	4	5	6	7	8
9	10	11	12	13	14	15
16	17	18	19	20	21	22
23	24	25	26	27	28	29
30	31					

JUNHO

DOM.	SEG.	TER.	QUA.	QUI.	SEX.	SÁB.
		1	2	3	4	5
6	7	8	9	10	11	12
13	14	15	16	17	18	19
20	21	22	23	24	25	26
27	28	29	30			

JULHO

DOM.	SEG.	TER.	QUA.	QUI.	SEX.	SÁB.
				1	2	3
4	5	6	7	8	9	10
11	12	13	14	15	16	17
18	19	20	21	22	23	24
25	26	27	28	29	30	31

AGOSTO

DOM.	SEG.	TER.	QUA.	QUI.	SEX.	SÁB.
1	2	3	4	5	6	7
8	9	10	11	12	13	14
15	16	17	18	19	20	21
22	23	24	25	26	27	28
29	30	31				

SETEMBRO

DOM.	SEG.	TER.	QUA.	QUI.	SEX.	SÁB.
			1	2	3	4
5	6	7	8	9	10	11
12	13	14	15	16	17	18
19	20	21	22	23	24	25
26	27	28	29	30		

OUTUBRO

DOM.	SEG.	TER.	QUA.	QUI.	SEX.	SÁB.
					1	2
3	4	5	6	7	8	9
10	11	12	13	14	15	16
17	18	19	20	21	22	23
24	25	26	27	28	29	30
31						

NOVEMBRO

DOM.	SEG.	TER.	QUA.	QUI.	SEX.	SÁB.
	1	2	3	4	5	6
7	8	9	10	11	12	13
14	15	16	17	18	19	20
21	22	23	24	25	26	27
28	29	30				

DEZEMBRO

DOM.	SEG.	TER.	QUA.	QUI.	SEX.	SÁB.
			1	2	3	4
5	6	7	8	9	10	11
12	13	14	15	16	17	18
19	20	21	22	23	24	25
26	27	28	29	30	31	

- ESCREVA A DATA DE ANIVERSÁRIO DA SUA ESCOLA: O DIA E O MÊS. ______________________
- MARQUE COM ❌ O NOME DO MÊS EM QUE ESTAMOS.
- O ANIVERSÁRIO DA ESCOLA EM QUE VOCÊ ESTUDA JÁ PASSOU OU AINDA VAI ACONTECER?

VAMOS FAZER UM CONVITE?

- FAÇA UM CONVITE PARA A FESTA DE ANIVERSÁRIO DA ESCOLA EM QUE VOCÊ ESTUDA.

Estúdio Ornitorrinco/Arquivo da editora

DESCUBRA A DATA

- O DIA DO ANIVERSÁRIO DE YURI ESTÁ MARCADO NO CALENDÁRIO. QUAL É ESSE DIA?

MARÇO						
DOM.	SEG.	TER.	QUA.	QUI.	SEX.	SÁB.
	1	2	3	4	5	6
7	8	9	10	11	12	13
14	15	16	17	18	19	20
21	22	23	24	25	26	27
28	29	30	31			

- EM QUE MÊS YURI NASCEU?

- NESSE CALENDÁRIO, EM QUE DIA DA SEMANA CAI O ANIVERSÁRIO DE YURI?

- ESCREVA O DIA E O MÊS EM QUE VOCÊ NASCEU.

Estúdio Ornitorrinco/Arquivo da editora

VAMOS BRINCAR DE CRUZADINHA!

• OBSERVE AS IMAGENS E IDENTIFIQUE O NOME DAS BRINCADEIRAS.

Ilustrações: Estúdio Ornitorrinco/Arquivo da editora

• AGORA, COMPLETE A CRUZADINHA COM AS LETRAS QUE FALTAM.

SUGESTÃO DE MÚSICA

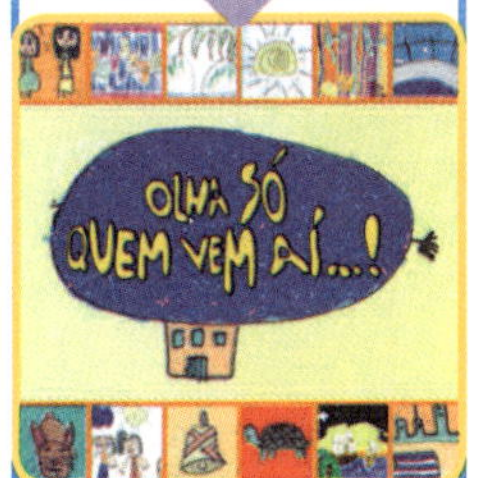

Reprodução/Escola Stagium

OLHA SÓ QUEM VEM AÍ, DE ESCOLA STAGIUM. 2005.

O QUE É, O QUE É?

- COM A AJUDA DO PROFESSOR, DESCUBRA A RESPOSTA DAS ADIVINHAS.
- DESTAQUE AS IMAGENS DA **PÁGINA 25** E COLE-AS NOS ESPAÇOS CORRESPONDENTES.

MATERIAL DE APOIO

O QUE É, O QUE É?
QUAL É A PARTE DA CASA QUE ESTÁ SEMPRE COM PRESSA?

O QUE É, O QUE É?
QUE NÃO SE COME, MAS É BOM PARA COMER?

O QUE É, O QUE É?
ESTOU NO INÍCIO DA RUA, NO FIM DO MAR E NO MEIO DA CARA?

O QUE É, O QUE É?
QUE NEM TODOS TÊM, MAS NINGUÉM PASSA SEM?

SUGESTÃO DE LIVRO

Reprodução/Editora Moderna

ADIVINHE SE PUDER, DE EVA FURNARI. SÃO PAULO: MODERNA, 2011.

DIA DO BRINQUEDO

- OUÇA AS DICAS DAS CRIANÇAS E DESCUBRA QUAL É O BRINQUEDO FAVORITO DE CADA UMA DELAS.
- DEPOIS, LIGUE CADA CRIANÇA AO SEU BRINQUEDO.

Ilustrações: Estúdio Ornitorrinco/Arquivo da editora

BOLA

BAMBOLÊ

BONECA

PATINS

- PINTE O NOME DOS BRINQUEDOS QUE INICIAM COM A MESMA LETRA.
- USANDO O ALFABETO MÓVEL, ESCREVA O NOME DE OUTROS BRINQUEDOS.

VARAL DE POEMAS

NINA ADORA O VARAL DE POEMAS.

- ACOMPANHE A LEITURA FEITA PELO PROFESSOR DE DOIS DOS POEMAS DE QUE NINA GOSTOU.

CONVITE

POESIA
É BRINCAR COM PALAVRAS
COMO SE BRINCA
COM BOLA, PAPAGAIO, PIÃO.

SÓ QUE
BOLA, PAPAGAIO, PIÃO
DE TANTO BRINCAR
SE GASTAM.

AS PALAVRAS NÃO:
QUANTO MAIS SE BRINCA
COM ELAS
MAIS NOVAS FICAM.

COMO A ÁGUA DO RIO

QUE É ÁGUA SEMPRE NOVA.
COMO CADA DIA
QUE É SEMPRE UM NOVO DIA.

VAMOS BRINCAR DE POESIA?

POEMAS PARA BRINCAR, DE JOSÉ PAULO PAES. 17. ED. SÃO PAULO: ÁTICA, 2012. (POESIA PARA CRIANÇAS).

ANOITECER

A NOITE VEIO CHEGANDO
DE UM LUGAR QUE NÃO EXISTIA
TIROU UMA CHAVE DA BOLSA
E FECHOU A PORTA DO DIA.

ABC DOS ABRAÇOS, DE SÉRGIO CAPPARELLI. SÃO PAULO: GLOBAL, 2017. P. 25.

Estúdio Ornitorrinco/ Arquivo da editora

- PINTE NOS POEMAS AS PALAVRAS QUE VOCÊ JÁ SABE LER.

LIVRO, UMA GRANDE INVENÇÃO!

- ACOMPANHE A LEITURA DO TRECHO DA CANÇÃO.

LINHAS E LETRINHAS

[...]
TEM LIVRO QUE É BEM GROSSO
TEM LIVRO QUE É DE BOLSO
TEM LIVRO QUE É CURIOSO
FAZ BEM PRA MIM
TEM LIVRO DE RELATO
TEM LIVRO QUE É UM BARATO
MONTEIRO LOBATO

É BEM ASSIM
ATÉ PRA TIRAR SONECA É GOSTOSO DE LER
BASTA ENTRAR NA BIBLIOTECA E ESCOLHER
SE NO LIVRO, TEM AS LINHAS
E NAS LINHAS, AS LETRINHAS
PRA LER

VEM DANÇAR COM A GENTE (DVD), DE PALAVRA CANTADA. MCD, 2011.

- ESCOLHA UM LIVRO QUE VOCÊ QUEIRA COMPARTILHAR COM OS COLEGAS. ESCREVA NO QUADRO O NOME DO LIVRO.

Estúdio Ornitorrinco/Arquivo da editora

SUGESTÃO DE LIVRO

Reprodução/Editora Ática

CHINELINHO: UMA HISTÓRIA SEM PAR, DE CAROLINA MICHELINI E MICHELE IACOCCA. SÃO PAULO: ÁTICA, 2011.

Reprodução/Abacatte Editorial

CABELINHO VERMELHO E O LOBO BOBO, DE SILVANA DE MENEZES. BELO HORIZONTE: ABACATTE EDITORIAL, 2011.

TODOS JUNTOS

- OUÇA A LEITURA FEITA PELO PROFESSOR.

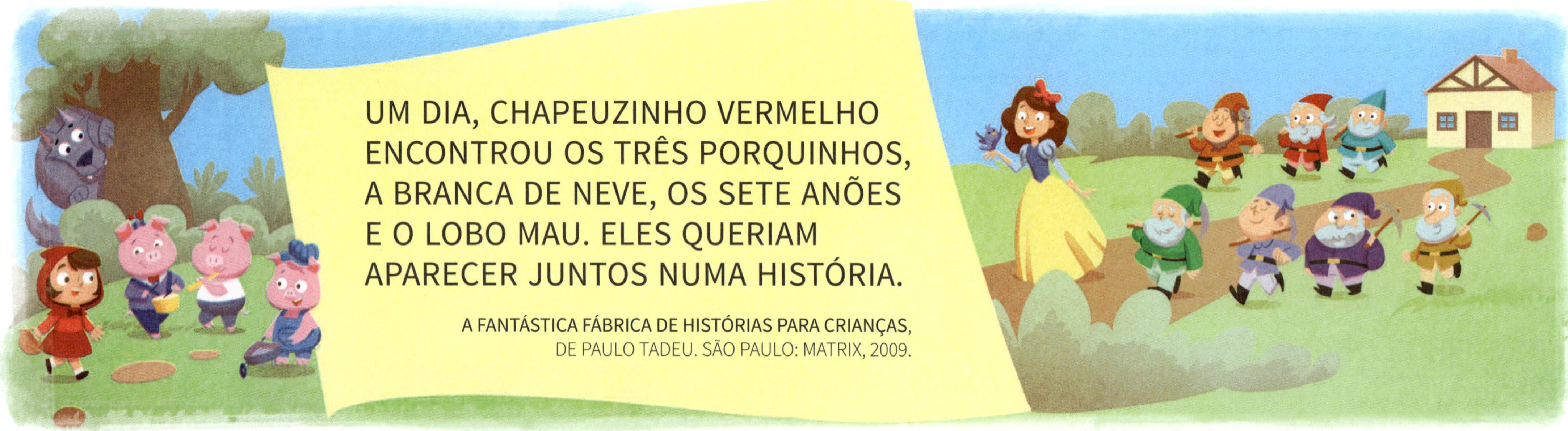

UM DIA, CHAPEUZINHO VERMELHO ENCONTROU OS TRÊS PORQUINHOS, A BRANCA DE NEVE, OS SETE ANÕES E O LOBO MAU. ELES QUERIAM APARECER JUNTOS NUMA HISTÓRIA.

A FANTÁSTICA FÁBRICA DE HISTÓRIAS PARA CRIANÇAS, DE PAULO TADEU. SÃO PAULO: MATRIX, 2009.

Estúdio Ornitorrinco/Arquivo da editora

- CRIE COM OS COLEGAS A CONTINUAÇÃO DESSA HISTÓRIA. DEPOIS, FAÇA UM DESENHO.

3 A NATUREZA PERTO DE NÓS!

Estúdio Ornitorrinco/Arquivo da editora

O QUE PODEMOS APRENDER QUANDO EXPLORAMOS A NATUREZA?

MUITA ATENÇÃO!

- ACOMPANHE A LEITURA DA LETRA DA CANÇÃO.

O MUNDO DE HERANÇA

ONDE ESTÁ O **MUNDO**
QUE VOCÊ SONHOU PRA MIM?
UM MUNDO DE PAISAGENS,
DE **ÁGUAS** TRANSPARENTES,
DE **ANIMAIS** CONTENTES
VIVENDO EM HARMONIA.

COM **FLORES**, **AR** PURO,
NUM LINDO AMANHECER!
POR QUE VOCÊ DEIXOU
O MUNDO DESAPARECER?

FUMAÇA, BARULHO,
DESTRUIÇÃO SEM FIM.
FAÇA AQUELE MUNDO
PRA VOCÊ E PARA MIM!

CANTEIRO: MÚSICAS PARA BRINCAR,
DE MARGARETH DAREZZO. SÃO PAULO: ÁTICA, 2011.

- COMPLETE A CRUZADINHA COM AS PALAVRAS EM DESTAQUE NA CANÇÃO.

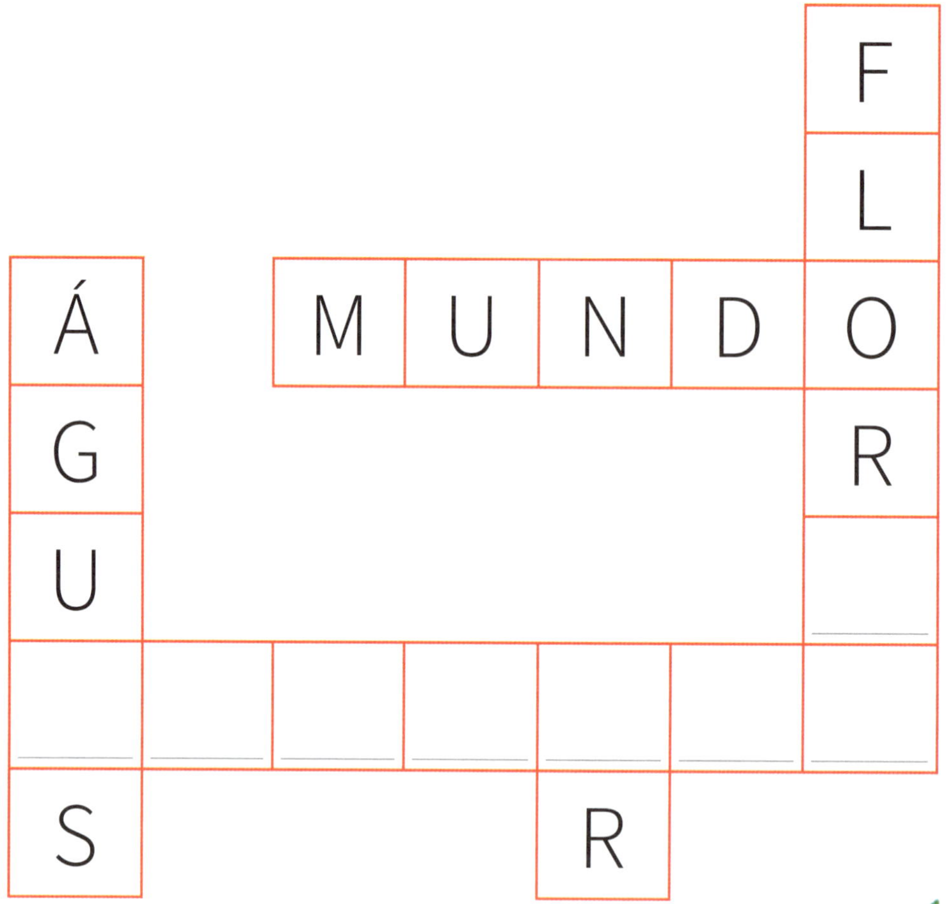

ONDE ESTÁ A ÁGUA?

- VOCÊ SABE ONDE PODEMOS ENCONTRAR ÁGUA NA NATUREZA?
- OBSERVE AS PALAVRAS A SEGUIR. DEPOIS, PINTE-AS NO QUADRO DE LETRAS.

junot/Shutterstock

RIO

Dima Zel/Shutterstock

MAR

bikeriderlondon/Shutterstock

CHUVA

cifotart/Shutterstock

LAGO

Fabio Colombini/Arquivo do fotógrafo

MINA

R	I	O	U	M	A	R
A	E	B	U	F	E	A
G	O	M	I	N	A	E
K	S	Q	T	J	L	V
T	L	A	G	O	P	J
P	F	A	N	H	B	I
Z	D	C	H	U	V	A

VOCÊ ADIVINHA?

- OUÇA COM ATENÇÃO A LEITURA FEITA PELO PROFESSOR E DESCUBRA A RESPOSTA DA ADIVINHA.

Estúdio Ornitorrinco/Arquivo da editora

O QUE HÁ NA MATA?

- OUÇA COM ATENÇÃO A LEITURA DO POEMA.

A MATA

A MATA TEM SOM
TEM CHEIRO E TEM COR
TEM FRUTA DO PÉ
TEM BICHO E TEM FLOR.

A MATA TEM OLHOS
TEM PÉS E TEM MÃOS
TEM MARCAS E TRILHAS
TEM SUA MISSÃO.

DENTRO DA MATA, DE NANA TOLEDO.
BLUMENAU: VALE DAS LETRAS, 2009.

Estúdio Ornitorrinco/Arquivo da editora

- ESCREVA NOS QUADRINHOS O QUE HÁ NA MATA DE ACORDO COM O POEMA.
ATENÇÃO PARA A QUANTIDADE DE LETRAS DAS PALAVRAS.

OLHA O BICHO!

- ACOMPANHE A LEITURA DO POEMA.

QUE BICHO É ESSE?

QUE BICHO ESQUISITO
TEM RABO DE LAGARTIXA
ORELHAS DE COELHO
O PELO CURTO MALHADO
NA FRENTE TEM UM BOLSO
ONDE NÃO GUARDA DOCUMENTO
ESCONDIDO E BEM PROTEGIDO
O LINDO CANGURUZINHO
PENSEI QUE **CANGURU**
ERA BICHO DE QUATRO PATAS
MAS ELE TEM PÉS GIGANTES
E DOIS PEQUENOS BRAÇOS.

PÁ-PUM: POETANDO E DESENHANDO – VOLUME 1, DE SIMONE PEDERSEN. SÃO PAULO: KOMEDI, 2010.

- ESCREVA O NOME DO ANIMAL DE QUEM O POEMA FALA.

- DESTAQUE AS PEÇAS DA **PÁGINA 25** E COMPLETE O QUEBRA-CABEÇA.

MATERIAL DE APOIO

Estúdio Ornitorrinco/Arquivo da editora

EXTINÇÃO NÃO É BRINCADEIRA

• ACOMPANHE COM ATENÇÃO A LEITURA DO POEMA.

PROCURA-SE

PROCURA-SE DENTRO DA MATA
UM **TAMANDUÁ** DANDO BANDEIRA
UMA SIMPÁTICA **ARARA-AZUL**
E A **ONÇA-PINTADA** BRASILEIRA.

QUEM ENCONTRAR TAIS RARIDADES
DA GRANDE LISTA DE EXTINÇÃO
POR FAVOR, DEIXE-OS EM PAZ
TENHA CONSCIÊNCIA E CORAÇÃO.

DENTRO DA MATA, DE NANA TOLEDO. BLUMENAU: VALE DAS LETRAS, 2009.

• ENCONTRE OS ANIMAIS EM EXTINÇÃO CITADOS NO POEMA E CONTORNE-OS. DEPOIS, PINTE A CENA.

Estúdio Ornitorrinco/Arquivo da editora

TRAVA-LÍNGUA

BRINCAR COM TRAVA-LÍNGUAS É MUITO DIVERTIDO!

- REPITA O TRAVA-LÍNGUA ABAIXO. DEPOIS, CONTORNE TODAS AS LETRAS **P** QUE APARECEM NO INÍCIO DAS PALAVRAS.

ATRÁS DA PIA
TEM UM PRATO,
UM PINTO E UM GATO.
PINGA A PIA,
PARA O PRATO,
PIA O PINTO,
E MIA O GATO.

TRAVA-LÍNGUAS, DE GIAN CALVI.
SÃO PAULO: GLOBAL, 2011. P. 30.

Estúdio Ornitorrinco/Arquivo da editora

- AGORA, COMPLETE ESTES VERSOS DO TRAVA-LÍNGUA COM AS PALAVRAS QUE FALTAM.

ATRÁS DA ________ TEM UM ________,

UM ________ E UM ________.

A CORUJA

- ACOMPANHE A LEITURA FEITA PELO PROFESSOR.

CORUJICE

A **CARA** CORUJA
NÃO ENCARA
A **CARA** DO SOL,
MAS À NOITE
FICA BEM NA SUA
CARA A **CARA**
COM A LUA.

BONECO MALUCO E OUTRAS BRINCADEIRAS, DE ELIAS JOSÉ. PORTO ALEGRE: PROJETO, 1999. P. 17.

- DESENHE O SOL E A LUA PERTO DE CADA CORUJA.

Estúdio Ornitorrinco/Arquivo da editora

DESCUBRA O NOME DO ANIMAL

- DESCUBRA A QUE ANIMAIS AS CURIOSIDADES SE REFEREM E ESCREVA O NOME DELES NOS QUADRINHOS.
- DESTAQUE AS FOTOGRAFIAS DA **PÁGINA 27** E COLE-AS NO LUGAR CORRESPONDENTE.

MATERIAL DE APOIO

SOU UM DOS ANIMAIS MAIS LENTOS.

L	E	S	___	___

FICO ATÉ 8 DIAS SEM BEBER ÁGUA.

___	___	___	___	___	___

DURMO QUASE 20 HORAS POR DIA.

___	___	___	___

NASÇO DOS OVOS DE UMA RAINHA.

___	___	___	L	H	A

SUGESTÃO DE LIVRO

Reprodução/Companhia das Letrinhas

BRASIL 100 PALAVRAS, DE GILLES EDUAR. SÃO PAULO: COMPANHIA DAS LETRINHAS, 2014.

ELES SÃO ENORMES!

- VOCÊ CONHECE ESSES ANIMAIS?

Podolnaya Elena/Shutterstock

URSO-DE-ÓCULOS

Hung Chung Chih/Shutterstock

URSO PANDA

John Ceulemans/Shutterstock

URSO-PARDO

outdoorsman/Shutterstock

URSO-POLAR

Dennis W Donohue/Shutterstock

URSO-NEGRO

- ESCREVA OS NOMES DE URSOS QUE COMEÇAM COM A LETRA **P**.

URSO-

URSO-

URSO

- QUANTAS LETRAS HÁ NAS PALAVRAS QUE VOCÊ ESCREVEU?

QUE PREGUIÇA!

- ACOMPANHE A LEITURA FEITA PELO PROFESSOR.

EMPREGO

VAMOS ARRANJAR UM EMPREGO PARA O BICHO-PREGUIÇA?
— QUE TAL CARTEIRO?
— AÍ NINGUÉM RECEBE CARTAS.
— QUE TAL BOMBEIRO?
— AÍ O FOGO QUEIMA TUDO.
— QUE TAL MAQUINISTA?
— AÍ O TREM NUNCA MAIS CHEGA.
— QUE TAL DENTISTA?
— AÍ FICAMOS TODOS BANGUELAS.
— ENTÃO SÓ SE FOR EMPREGO DE BICHO-PREGUIÇA NO ZOOLÓGICO.
— ISSO MESMO!
— LÓGICO!

OLHA O BICHO, DE JOSÉ PAULO PAES.
SÃO PAULO: ÁTICA, 2011. P. 9.

Picture Press/Easypix

- COMPLETE AS PALAVRAS AO LADO PARA FORMAR O NOME DE DUAS DAS PROFISSÕES QUE O BICHO-PREGUIÇA NÃO PODE TER.

B	O	M	___	___	___	___	___

___	___	Q	U	I	___	___	S	___	___

PERSONAGENS QUE SÃO ANIMAIS

- VOCÊ CONHECE ESTES PERSONAGENS? QUAL É O SEU PREFERIDO?

SIMBA

ALÍPIO

MELMAN

BIDU

BLU

MICKEY

- CONTORNE O NOME DO PERSONAGEM QUE É FORMADO POR 4 LETRAS.
- PROCURE SE LEMBRAR DE OUTROS PERSONAGENS QUE SÃO ANIMAIS E CONVERSE COM OS COLEGAS SOBRE ELES.

CADA UM EM SUA CASA

• ACOMPANHE A LEITURA DO PROFESSOR.

O CARAMUJO

CANARINHO
FAZ O **NINHO**.
A **ABELHA**
FAZ **COLMEIA**.
A **FORMIGA**
O **FORMIGUEIRO**
E A **TOUPEIRA**
A SUA **TOCA**,
[...]
TODO O BICHO
QUE FAZ CASA
CONSTRÓI, DECORA
LIMPA, ARRUMA
DORME, ACORDA
COME, ARRUMA
E VAI EMBORA.
SÓ O CARAMUJO
CARREGA NAS COSTAS
COM CHUVA
OU COM SOL
A CASA QUE FAZ,
E A CASA ONDE MORA.

ABECEDÁRIO DOS BICHOS QUE EXISTEM E QUE NÃO EXISTEM, DE CARLOS RODRIGUES BRANDÃO. CAMPINAS: AUTORES ASSOCIADOS, 2008. P. 31.

• DESTAQUE AS PEÇAS DA **PÁGINA 27** E MONTE O QUEBRA-CABEÇA.

CANARINHO – NINHO	ABELHA – COLMEIA
TOUPEIRA – TOCA	FORMIGA – FORMIGUEIRO

MATERIAL DE APOIO

• DESENHE O CARAMUJO COM SUA CASA.

VOCÊ GOSTA DE INVENTAR?

- DIVIRTA-SE COM ESTE POEMA!

SE VOCÊ FOR INVENTOR, INVENTE

UM CREME
QUE TIRE **RUGA**
DE PESCOÇO
DE **TARTARUGA**.

UM PENTE
QUE PENTEIE **SOZINHO**
LOMBO
DE PORCO-**ESPINHO**

E UM LENÇO
FORTE **BASTANTE**
PARA ASSOAR TROMBA
DE **ELEFANTE**.

LÉ COM CRÉ, DE JOSÉ PAULO PAES.
SÃO PAULO: ÁTICA, 2012. P. 11.

- CONTORNE NO POEMA AS PALAVRAS QUE RIMAM.
- EM DUPLAS, USANDO O ALFABETO MÓVEL, MONTEM AS PALAVRAS QUE FORMAM AS RIMAS DO POEMA.
- ESCREVA ESSAS PALAVRAS NOS QUADROS AO LADO DE CADA ESTROFE.

QUANTOS INSETOS!

MATERIAL DE APOIO

- DESTAQUE AS FOTOGRAFIAS DA **PÁGINA 29** E COLE-AS EM SUAS SOMBRAS.
- COMPLETE O NOME DOS ANIMAIS COM AS LETRAS QUE FALTAM.

___	___	___	Q	U	I	___	___

B	O	R	___	___	___	___	___	___

___	___	S	O	U	___	___

___	___	___	___	___	N	H	A

- O QUE ESSES ANIMAIS TÊM EM COMUM?

CORES QUENTES E CORES FRIAS

- VOCÊ JÁ OUVIU FALAR EM CORES QUENTES E CORES FRIAS?
- DESTAQUE AS FOTOGRAFIAS DA **PÁGINA 29** E COLE-AS NOS QUADROS CORRESPONDENTES.

MATERIAL DE APOIO

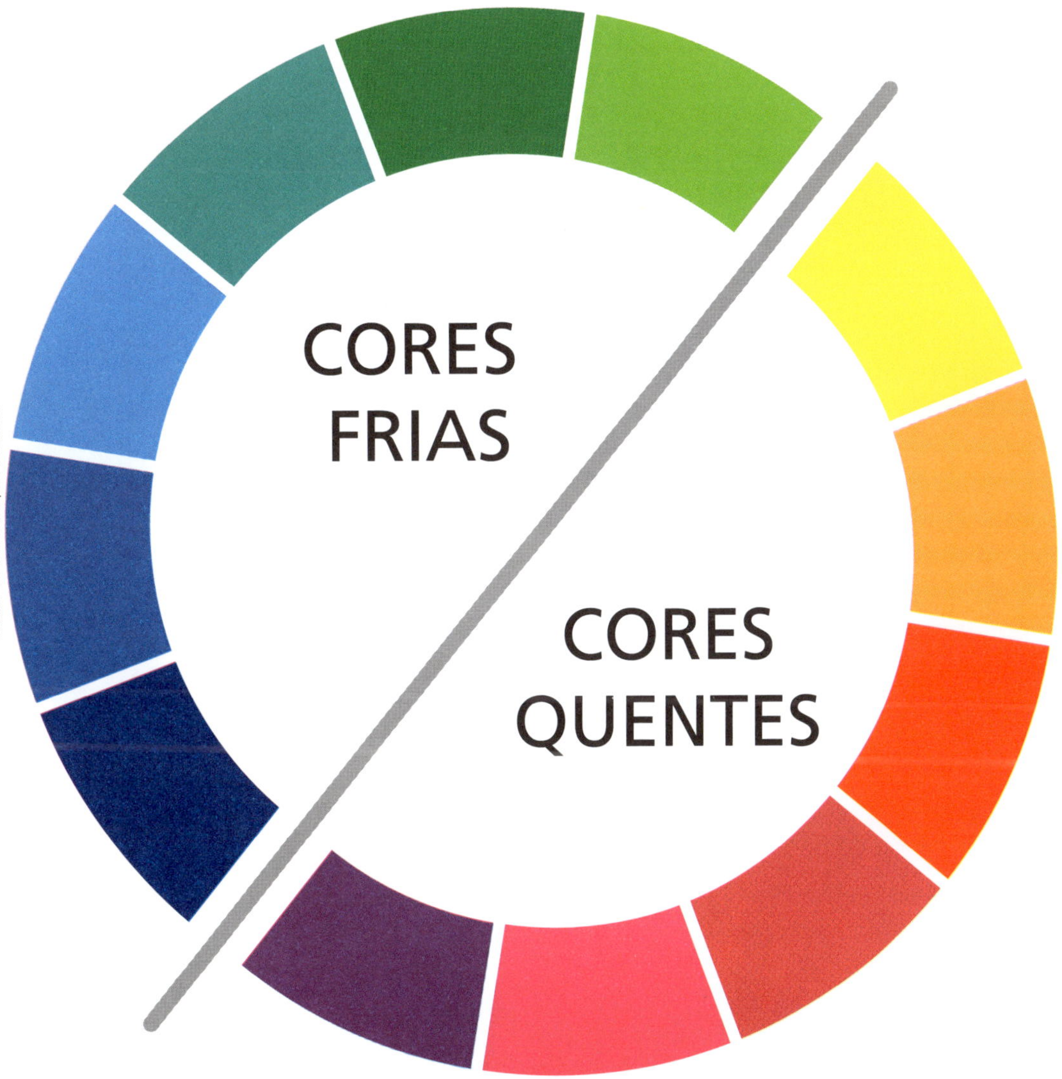

Estúdio Ornitorrinco/Arquivo da editora

CORES QUENTES

CORES FRIAS

- USE CORES QUENTES OU CORES FRIAS E FAÇA UM DESENHO EM UMA FOLHA À PARTE.

PLANTAR, CULTIVAR, COLHER

- ACOMPANHE A LEITURA DO TEXTO.

APRENDENDO A PLANTAR

FOFAR A TERRA DO CANTEIRO
MISTURAR O ESTERCO JÁ CURTIDO
SEMEAR NO TEMPO CERTO.
REGAR AO FIM DAS TARDES
DORMIR LUAS
DESPERTAR MANHÃS.
UM DIA ELA APARECE DESAJEITADA
SEM FORÇAS AINDA PRA EMPURRAR A TERRA.
[...]

QUARTO DE COSTURA, DE WANIA AMARANTE. BELO HORIZONTE: MIGUILIM, 1991. P. 11.

Estúdio Ornitorrinco/Arquivo da editora

- COLE AS CENAS DA **PÁGINA 31** NOS QUADROS CORRESPONDENTES.
- O QUE VOCÊ IMAGINA QUE ACONTECE NO ÚLTIMO QUADRO? DESENHE.

MATERIAL DE APOIO

FOFAR	SEMEAR
REGAR	BROTAR

A ÁRVORE DOS DESEJOS

- VOCÊ JÁ IMAGINOU SE EXISTISSEM ÁRVORES QUE REALIZASSEM NOSSOS DESEJOS? QUAL SERIA O SEU?
- DESENHE SEU DESEJO NA FOLHA E ESCREVA O NOME DELE.

Estúdio Ornitorrinco/Arquivo da editora

Estúdio Ornitorrinco/Arquivo da editora

QUE PLANTAÇÃO DIFERENTE!

- TATIANA BELINKY, AUTORA DO LIVRO **QUE HORTA!**, TEVE UMA IDEIA CRIATIVA.
- OBSERVE AS FRUTAS E OS NOMES E DESCUBRA A BRINCADEIRA.

Sprut2005/Shutterstock

BANANA

Davydenko Yuliia/Shutterstock

ABACAXI

→ BANACAXI

Viktar Malyshchyts/Shutterstock

MELÃO

matin/Shutterstock

CAQUI

→ MELAQUI

ATIVIDADE FEITA COM BASE EM: **QUE HORTA!**, DE TATIANA BELINKY. SÃO PAULO: PAULUS, 1997.

- PINTE, EM CADA NOME, AS LETRAS QUE FORAM USADAS PARA FORMAR AS NOVAS PALAVRAS.
- COMO VOCÊ IMAGINA QUE SERIAM ESSAS FRUTAS? DESENHE-AS NOS QUADROS.

SUGESTÃO DE LIVRO

Reprodução/Editora Melhoramentos

A HORTA DA LILI, DE LUCIE ALBON. SÃO PAULO: MELHORAMENTOS, 2013.

NO POMAR

• CANTE A CANÇÃO. DEPOIS, PINTE NA LETRA DA CANÇÃO O NOME DAS FRUTAS APRESENTADAS NAS FOTOGRAFIAS.

POMAR

BANANA BANANEIRA
GOIABA GOIABEIRA
LARANJA LARANJEIRA
MAÇÃ MACIEIRA
MAMÃO MAMOEIRO
ABACATE ABACATEIRO
[...]

CANÇÕES DE BRINCAR (CD), DE PALAVRA CANTADA. MCD, 1996.

bennyartist/Shutterstock

Jackiso/Shutterstock

BANANA

winston link/Shutterstock

Mazzzur/Shutterstock

GOIABA

victor torres/Shutterstock

AND Inc/Shutterstock

MAÇÃ

lim yong hian/Shutterstock

Jackiso/Shutterstock

MAMÃO

FRUTAS E LEGUMES

- COMPLETE O NOME DAS FRUTAS E DOS LEGUMES COM AS LETRAS QUE FALTAM.

POMAR

Photo for you/ Shutterstock

__	__	__	__	__	__

Tatiana Popova/ Shutterstock

__	__	L	A	N	__	__	__

Tim UR/Shutterstock

__	__	R	A	N	__	__

HORTA

akepong srichaichana/ Shutterstock

__	__	__	__	__	__

Tarasyuk Igor/ Shutterstock

__	__	__	__	U	__	__

Tiger Images/ Shutterstock

__	N	H	A	__	__

QUAL É O NOME?

- PINTE O QUADRO COM O NOME DE CADA FRUTA.

infografick/Shutterstock

JABUTICABA

LIMÃO

MAÇÃ

Delfim Martins/Pulsar Imagens

LIMÃO

MAÇÃ

LARANJA

mileus/Shutterstock

LIMÃO

MAÇÃ

JABUTICABA

QUEM DESCOBRE AS RIMAS?

- OUÇA O POEMA COM ATENÇÃO.

A SEMANA INTEIRA

A SEGUNDA FOI À FEIRA,
PRECISAVA DE **FEIJÃO**;
A TERÇA FOI À FEIRA,
PRA COMPRAR UM **PIMENTÃO**;
A QUARTA FOI À FEIRA,
PRA BUSCAR QUIABO E **PÃO**;
A QUINTA FOI À FEIRA,
POIS GOSTAVA DE **AGRIÃO**;
A SEXTA FOI À FEIRA,
TEM BANANA? TEM **MAMÃO**?

SÁBADO NÃO TEM FEIRA
E DOMINGO TAMBÉM **NÃO**.

111 POEMAS PARA CRIANÇAS, DE SÉRGIO CAPPARELLI. PORTO ALEGRE: L&PM, 2012. P. 17.

Estúdio Omitorrinco/Arquivo da editora

- PINTE NO POEMA AS PALAVRAS QUE RIMAM.
- ESCREVA AS PALAVRAS DO POEMA QUE SÃO NOMES DE FRUTAS, VERDURAS E LEGUMES E QUE RIMAM COM FEIJÃO.

INGREDIENTES

- OBSERVE AS IMAGENS PARA DESCOBRIR AS PALAVRAS QUE FALTAM NA RECEITA E COMPLETE-A.

Estúdio Ornitorrinco/Arquivo da editora

BOLINHOS DE MEL

DERRETA A ______________  Shutterstock E JUNTE COM O ______________  Shutterstock PURO

DE ABELHAS, MISTURANDO BEM. EM SEGUIDA, QUEBRE OS ______________  Shutterstock

E JUNTE À MASSA, SEM PARAR DE BATER. PENEIRE A ______________ 

Roman Samokhin/Shutterstock

E ADICIONE AOS OUTROS INGREDIENTES. COLOQUE AOS POUCOS UMA XÍCARA

DE ______________ Picsfive/Shutterstock  E BATA ATÉ A MASSA FICAR UNIFORME.

LEVE AO FORNO PARA ASSAR.

BRINCADEIRAS 1, DE CÉLIA CATUNDA E KIKO MISTRORIGO. SÃO PAULO: ÁTICA, 1996.

SUGESTÃO DE LIVRO

Reprodução/Editora Bamboozinho

FAMÍLIA CUCA NA COZINHA, DE PAULA WEBER. SÃO PAULO: BAMBOOZINHO, 2018.

MERCADINHO

- O QUE VOCÊ IMAGINA QUE A TURMA DE YURI ESTÁ FAZENDO?
- VOCÊ COSTUMA IR AO MERCADO COM SEUS FAMILIARES?
- VAMOS ORGANIZAR UM MERCADINHO NA SALA DE AULA.

Estúdio Omitorrinco/Arquivo da editora

VAMOS DESCOBRIR NOMES DE FLORES?

• SIGA AS SETAS E AS CORES E COMPLETE ABAIXO O NOME DAS FLORES.

R	M	C	O	A	R
G	S	R	A	A	R
V	I	A	O	D	A

R	O	___	___

M.Khebra/Shutterstock

M	A	R	___	___	___	___	___	___

gubernat/Shutterstock

C	___	___	___	___

cooperr/Shutterstock

FLORES QUE ACALMAM

- ACOMPANHE A LEITURA DO POEMA COM ATENÇÃO.

Estúdio Ornitorrinco/Arquivo da editora

CAMOMILA

MUITA CALMA,
MINHA CAMILA
BEBE ESTE CHÁ
DE CAMOMILA
VOCÊ VAI FICAR
BEM CALMOMILA.

POESIA DE BICICLETA, DE SÉRGIO CAPPARELLI.
PORTO ALEGRE: L&PM, 2009. P. 47.

- PINTE NO POEMA AS PALAVRAS QUE COMEÇAM COM **CA**.

- ESCREVA ESSAS PALAVRAS NOS QUADROS.

MÍMICA

MATERIAL DE APOIO

VAMOS BRINCAR DE MÍMICA?

PARTICIPANTES

TODA A TURMA.

REGRAS

1. DESTAQUE AS CARTAS DA **PÁGINA 31**.
2. EMBARALHE AS CARTAS E COLOQUE-AS VIRADAS COM AS IMAGENS PARA BAIXO.
3. UM ALUNO TIRA UMA CARTA, SEM QUE OS OUTROS A VEJAM.
4. ELE DEVE REPRESENTAR, POR MEIO DE MÍMICA, A PALAVRA SORTEADA. SE ELE FALAR, PASSA A VEZ PARA OUTRO COLEGA.
5. OS ALUNOS DEVEM TENTAR ADIVINHAR QUAL PALAVRA ESTÁ SENDO REPRESENTADA. QUEM SOUBER FALA EM VOZ ALTA.
6. O ALUNO QUE ACERTAR SERÁ O PRÓXIMO A FAZER A MÍMICA.
7. DEPOIS DE BRINCAR, COLE AS PEÇAS NOS ESPAÇOS AO LADO.

ROSA

LIMÃO

BANANA

CANGURU

LEÃO

PÁSSARO

PERNILONGO

REGADOR

CHUVA

O GALO E A PÉROLA

- OUÇA A FÁBULA COM ATENÇÃO E CONVERSE SOBRE ELA COM OS COLEGAS.

Estúdio Ornitorrinco/Arquivo da editora

- ESCREVA AS PALAVRAS QUE COMPLETAM A FRASE:

O ______________________ ENCONTROU A ______________________.

- COMPARE AS PALAVRAS QUE VOCÊ ESCREVEU E CONTORNE A QUE TEM MAIS LETRAS.
- PINTE A CENA.

RECICLAR!

- OUÇA A LEITURA DO POEMA.

LIXO DE LUXO

[...]
AINDA BEM QUE INVENTARAM
ESTA TAL DE RECICLAGEM.
PAPEL VELHO VIRA NOVO.
VEJA SÓ QUE BELA IMAGEM!

TODO LIXO, QUE FANTÁSTICO,
PODE SER APROVEITADO.
LATA, **VIDRO**, **PAPEL** OU **PLÁSTICO**
VÃO EM CESTO SEPARADO.

NA ESCOLA, DÁ PRA INVENTAR
COISA NOVA ATÉ DE LATA.
É GOSTOSO DE BRINCAR
COM BRINQUEDO DE SUCATA.

POESIAS PARA CRIANÇAS: ECOLOGIA, DE EVELYN HEINE.
BLUMENAU: BRASILEITURA, [S.D.].

- ESCREVA NOS QUADROS O NOME DO MATERIAL QUE PODE SER COLOCADO EM CADA LIXEIRA.
- QUAIS DESSES NOMES TÊM 5 LETRAS?
- PINTE AS LIXEIRAS COM AS CORES CORRESPONDENTES.

Estúdio Ornitorrinco/Arquivo da editora

PRESERVAR

- REPRESENTE COM DESENHO OU COLAGEM ATITUDES QUE PODEM AJUDAR A PRESERVAR A NATUREZA PERTO DE VOCÊ.

UNIDA

4 DIVERSAS CULTURAS

Estúdio Ornitorrinco/
Arquivo da editora

VOCÊ JÁ BRINCOU DE PETECA? E DE PIÃO? VAMOS DESCOBRIR OUTRAS BRINCADEIRAS DA CULTURA POPULAR BRASILEIRA E BRINCAR COM OS COLEGAS?

CULTURA

- ACOMPANHE A LEITURA DO POEMA.

CULTURA

APRENDI COM O MEU **PAI** TUDO
O QUE ELE APRENDEU COM O DELE.
COISAS QUE ENSINAREI AO MEU **FILHO**,
QUE ENSINARÁ PARA O MEU **NETO**.

MÍNIMAS DESCOBERTAS, DE ELIAS JOSÉ. SÃO PAULO: PAULUS, 2005. P. 31.

Estúdio Ornitorrinco/ Arquivo da editora

AVÔ PAI

- O QUE VOCÊ GOSTOU DE APRENDER COM SUA FAMÍLIA?
- ESCREVA O PRIMEIRO NOME DE SEUS AVÓS E, DEPOIS, COMENTE COM OS COLEGAS.

- CONTORNE NO POEMA AS PALAVRAS QUE INDICAM PARENTESCO.

SOMOS TODOS DIFERENTES!

- ACEITA UM DESAFIO?

OLHE AO SEU REDOR...
PRESTE MUITA ATENÇÃO!
PRONTO?
ENCONTRE ALGUÉM
IGUAL A VOCÊ POR AÍ.
JÁ ENCONTROU?
CLARO QUE NÃO...
SOMOS TODOS DIFERENTES!

NOEMI BIANCHINI DANTE.

Estúdio Ornitorrinco/ Arquivo da editora

- PINTE NO QUADRO DE LETRAS AS PALAVRAS DESTACADAS NO DESAFIO ACIMA.

F	G	D	I	F	E	R	E	N	T	E	S	X	C	D
H	G	E	K	L	R	G	Ç	A	L	P	U	F	Y	I
T	O	D	O	S	D	E	C	Z	L	S	T	L	G	M
N	S	C	X	E	R	D	C	G	S	O	M	O	S	V

SUGESTÃO DE LIVRO

Reprodução/Editora FTD

O LIVRO DAS CRIANÇAS DO MUNDO TODO, DE MAURICIO DE SOUSA. SÃO PAULO: FTD, 2013.

PINDORAMA... BRASIL!

- ATENÇÃO PARA A LEITURA FEITA PELO PROFESSOR.

PARA OS INDÍGENAS,
PINDORAMA SIGNIFICA "TERRA
DAS PALMEIRAS", NA LÍNGUA **TUPI**.
PARA **PORTUGAL**,
TERRA DE VERA CRUZ,
TERRA DE SANTA CRUZ,
BRASIL!

NOEMI BIANCHINI DANTE.

Estúdio Ornitorrinco/Arquivo da editora

- COMPLETE A CRUZADINHA COM AS PALAVRAS DESTACADAS NO TEXTO.

___	___	P	I				
		I					
		N					
		D					
		O					
___	___	R	___	___	___	A	L
		A					
		M					
___	___	A	___	I	L		

ÍNDIO OU INDÍGENA?

• OUÇA O TEXTO QUE O PROFESSOR VAI LER.

DE ONDE VEM A PALAVRA ÍNDIO?

A PALAVRA ÍNDIO É FRUTO DO ENGANO DOS PRIMEIROS COLONIZADORES. AO CHEGAREM NAS AMÉRICAS, ELES PENSARAM ESTAR NA ÍNDIA E ENTÃO CHAMARAM DE ÍNDIOS OS HABITANTES DO CONTINENTE!

NO BRASIL ESSA PALAVRA É USADA COMO SINÔNIMO DE INDÍGENA. INDÍGENA QUER DIZER "AQUELE QUE É NATIVO E DESCENDENTE DOS POVOS ORIGINÁRIOS DE UMA LOCALIDADE".

POVOS INDÍGENAS NO BRASIL MIRIM. INSTITUTO SOCIOAMBIENTAL, 2015. P. 13.

AS GRANDES NAVEGAÇÕES.

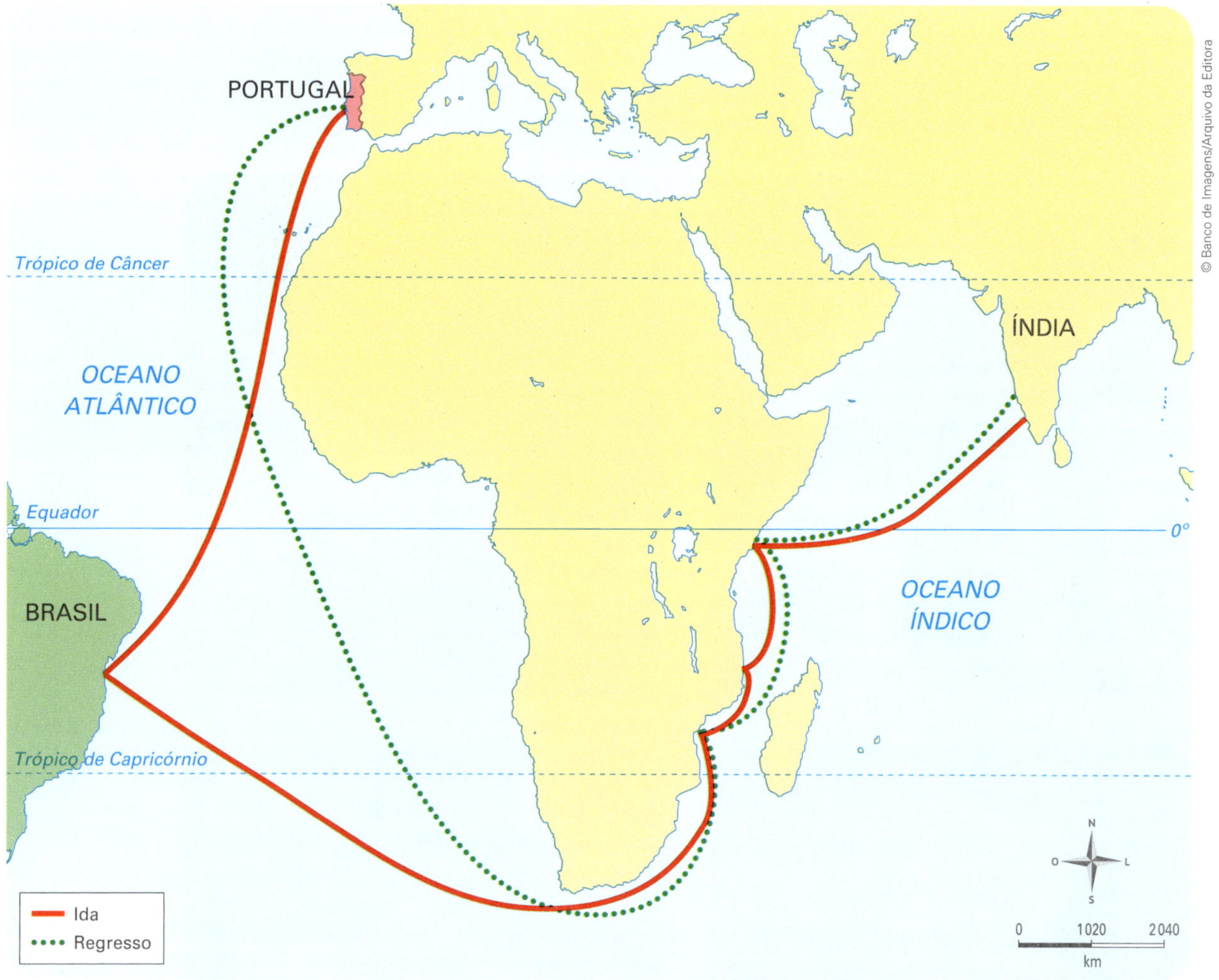

FONTE: ELABORADO COM BASE EM **ATLAS HISTÓRICO: GERAL E BRASIL**, DE CLÁUDIO VICENTINO. SÃO PAULO: SCIPIONE, 2011.

• PESQUISE O NOME DE POVOS INDÍGENAS QUE VIVEM NO BRASIL. ESCREVA O NOME DE UM DELES ABAIXO.

TINTAS DA NATUREZA

- PARA PINTAR O CORPO E OBJETOS, OS INDÍGENAS PREPARAM TINTAS COM PLANTAS E FRUTOS.

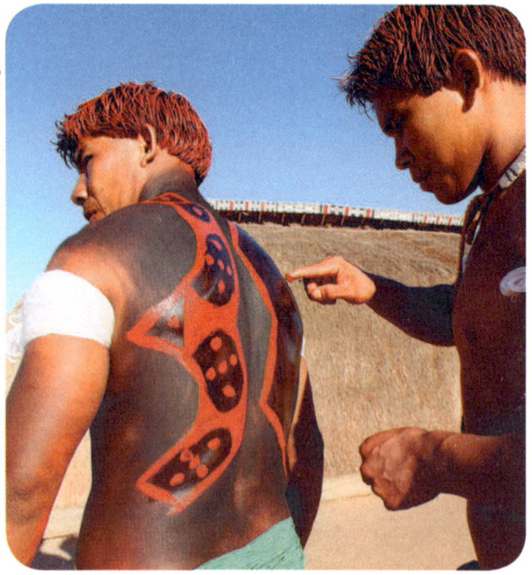

Fabio Colombini/Acervo do fotógrafo

Rosa Gauditano/Studio R

Fabio Colombini/Acervo do fotógrafo

URUCUM

COR DA TINTA:

João Prudente/Pulsar Imagens

JENIPAPO

COR DA TINTA:

MATERIAL DE APOIO

- COM O PROFESSOR, PREPARE TINTAS NATURAIS.
- DESTAQUE A FIGURA DA **PÁGINA 33** E PINTE-A COM AS TINTAS QUE PREPAROU. DEPOIS, COLE-A AQUI.

PENAS E SEMENTES

• OS POVOS INDÍGENAS USAM PENAS E SEMENTES PARA FAZER COCARES E COLARES.

Edson Sato/Pulsar Imagens

Mario Friedlander/Pulsar Imagens

Fabio Colombini/Acervo do fotógrafo

Mario Friedlander/Pulsar Imagens

• PINTE AS LETRAS QUE DIFERENCIAM ESTAS DUAS PALAVRAS.

C	O	L	A	R	E	S
C	O	C	A	R	E	S

PALAVRAS E SUAS ORIGENS

- ALGUMAS PALAVRAS DE NOSSA LÍNGUA TÊM ORIGEM TUPI. DESEMBARALHE AS LETRAS E ESCREVA AS PALAVRAS NOS QUADROS.

Vladimir Wrangel/Shutterstock

B U J A T I

meunierd/Shutterstock

C A R É J A

Christian Edelmann/Shutterstock

R U J A B U

- COM A AJUDA DO PROFESSOR, PESQUISE O SIGNIFICADO DESSAS PALAVRAS EM TUPI.
- AGORA, OBSERVE AS IMAGENS DOS ANIMAIS NOVAMENTE. EM SUA OPINIÃO, POR QUE ELES TÊM ESSES NOMES EM TUPI?

OBJETOS INDÍGENAS

- OBSERVE A LISTA DE PALAVRAS E AS FOTOGRAFIAS.
- ESCREVA NOS QUADROS O NOME DE CADA OBJETO.
- VOCÊ CONHECE ALGUM DOS OBJETOS DAS FOTOGRAFIAS? QUAL?

Fabio Colombini/Acervo do fotógrafo

Fabio Colombini/Acervo do fotógrafo

LISTA DE PALAVRAS

CESTO
ARCO E FLECHA
COCAR
PETECA

Renato Soares/Pulsar Imagens

Gerson Gerloff/Pulsar Imagens

A LENDA DO UIRAPURU

- OUÇA A LENDA DO UIRAPURU COM ATENÇÃO.
- DESTAQUE AS CENAS DA **PÁGINA 33** E COLE-AS NA SEQUÊNCIA EM QUE A HISTÓRIA ACONTECE.

Estúdio Ornitorrinco/Arquivo da editora

1

2

3

4

5

MATERIAL DE APOIO

O QUE EU SEI SOBRE OS INDÍGENAS?

- DESENHE O QUE VOCÊ MAIS GOSTOU DE APRENDER SOBRE A CULTURA DOS POVOS INDÍGENAS.

DIFERENTES POVOS AFRICANOS

OS AFRICANOS QUE CHEGARAM AO BRASIL VIERAM DE DIVERSOS LUGARES E FAZIAM PARTE DE POVOS DIFERENTES.

- OBSERVE O MAPA PARA SABER DE ONDE VEIO A MAIORIA DELES.

PAÍSES AFRICANOS E BRASIL.

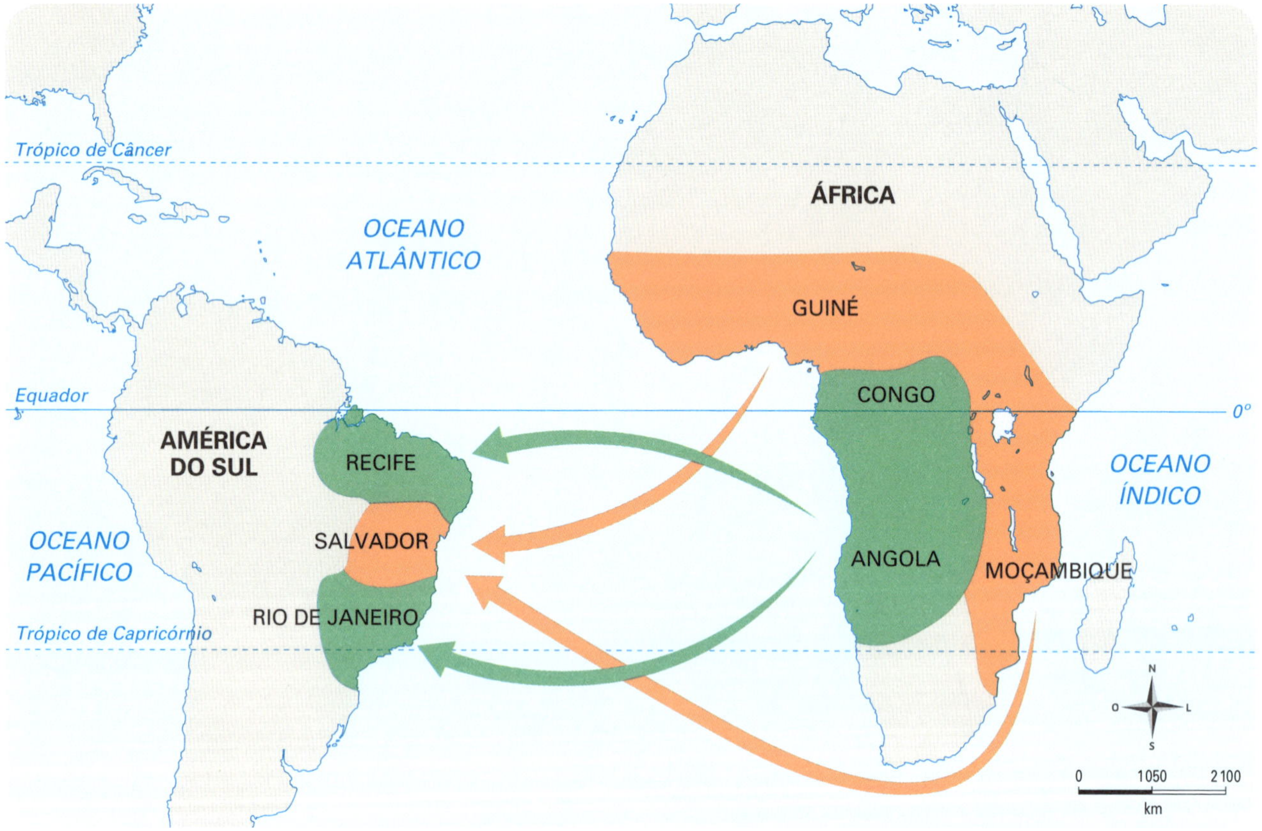

FONTE: ELABORADO COM BASE EM **ATLAS HISTÓRICO: GERAL E BRASIL**, DE CLÁUDIO VICENTINO. SÃO PAULO: SCIPIONE, 2011.

Thamiris Souza/Fotoarena

- ESCREVA NO QUADRO A PALAVRA ÁFRICA.

- OUÇA O TEXTO QUE O PROFESSOR VAI LER.
- CONSTRUA UMA BONECA AFRICANA ABAYOMI SEGUINDO AS ORIENTAÇÕES DO PROFESSOR.

TAMBOR AFRICANO

- VOCÊ JÁ OUVIU UM TAMBOR? ACOMPANHE A LEITURA DO PROFESSOR. O TAMBOR É MUITO USADO EM RITMOS TRADICIONAIS AFRICANOS.

BATUQUE

[...]
TENHO UM TAMBOR
DENTRO DO PEITO
TENHO UM TAMBOR

É TODO ENFEITADO DE FITAS
VERMELHAS PRETAS AMARELAS E BRANCAS

TAMBOR QUE BATE
BATUQUE BATUQUE BATE
TAMBOR QUE BATE
BATUQUE BATUQUE BATE
QUE EVOCA BRAVURA DOS NOSSOS AVÓS
TAMBOR QUE BATE
BATUQUE BATUQUE BATE
[...]

BATUQUE, DE CARLOS DE ASSUMPÇÃO. DISPONÍVEL EM: <HTTPS://LUSOLEITURAS.WORDPRESS.COM/2011/06/01/ANTOLOGIA-DE-POESIA-DO-NEGRO/>. ACESSO EM: 2 MAIO 2016.

Estúdio Ornitorrinco/Arquivo da editora

SUGESTÃO DE LIVRO

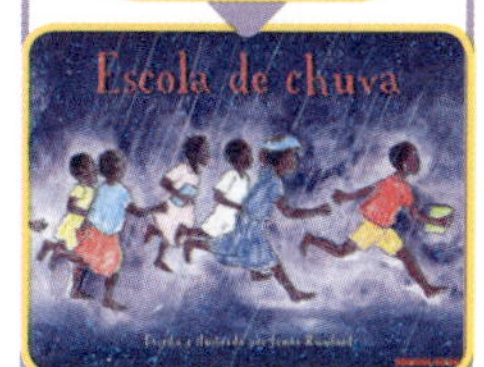

Reprodução/Editora Brinque-Book

ESCOLA DE CHUVA, DE JAMES RUMFORD. SÃO PAULO: BRINQUE-BOOK, 2012.

- PINTE AS FITAS DO TAMBOR USANDO AS CORES INDICADAS NO POEMA.

MAIS PALAVRAS...

VOCÊ SABIA QUE MUITAS PALAVRAS DA LÍNGUA PORTUGUESA SÃO DE ORIGEM AFRICANA?

- DESTAQUE AS FOTOGRAFIAS DA **PÁGINA 35** E COLE-AS NOS LUGARES CORRESPONDENTES.

MATERIAL DE APOIO

FAROFA

AGOGÔ

JILÓ

DENDÊ

COMIDAS DE LÁ E DE CÁ

- ACOMPANHE A LEITURA DESTA LISTA DE INGREDIENTES.

VATAPÁ

INGREDIENTES:

- CAMARÃO
- CEBOLA
- AMENDOIM
- PIMENTA
- CASTANHA-DE-CAJU
- FUBÁ
- COCO
- AZEITE DE DENDÊ
- SAL
- GENGIBRE

- COMPLETE A CRUZADINHA COM O NOME DE ALGUNS INGREDIENTES.

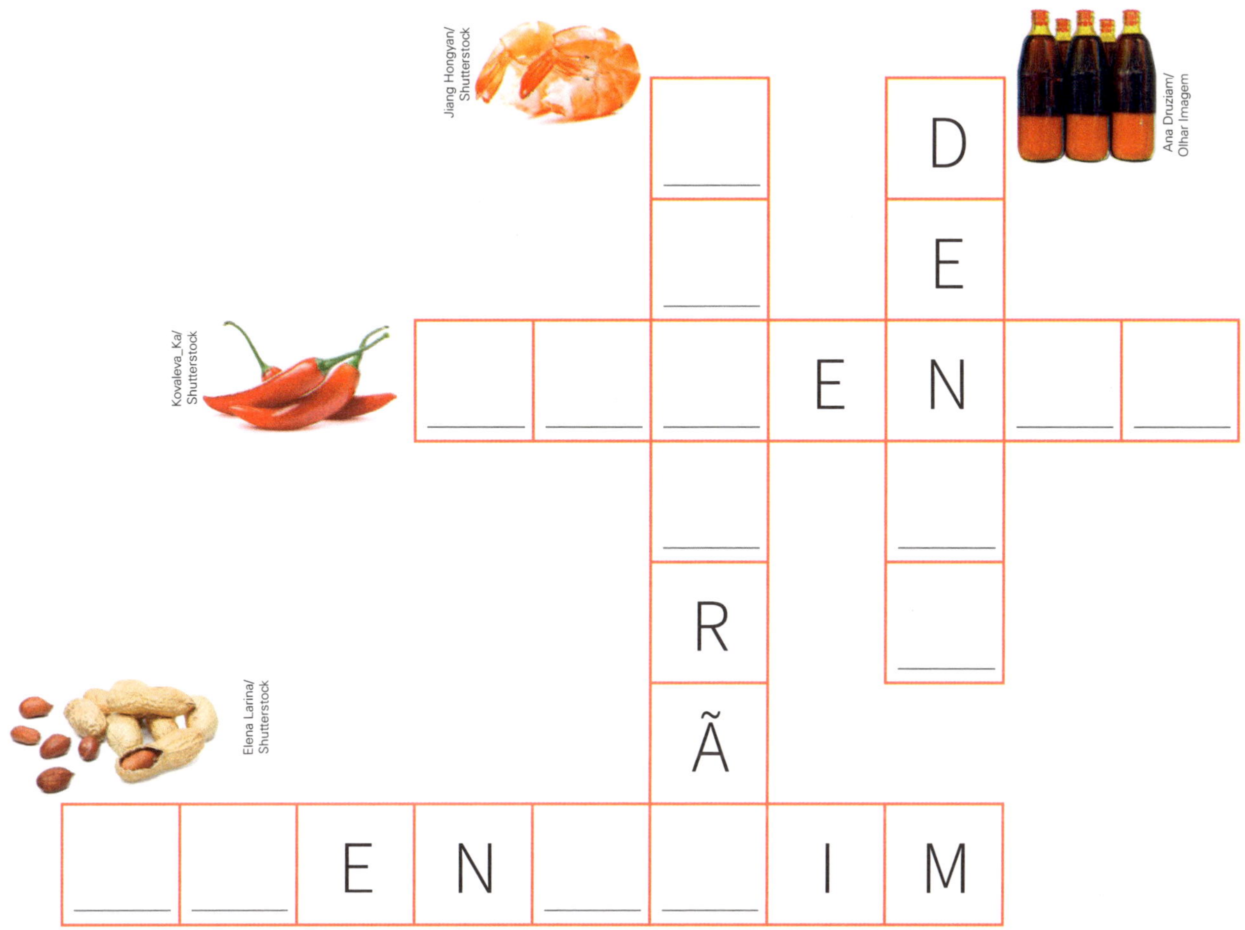

Jiang Hongyan/ Shutterstock; Ana Druzian/ Olhar Imagem; Kovaleva_Ka/ Shutterstock; Elena Larina/ Shutterstock

- AGORA, ESCREVA O NOME DESSE PRATO.

UBUNTU

- VOCÊ JÁ OUVIU FALAR EM UBUNTU? OUÇA A HISTÓRIA E DESCUBRA ALGO QUE A ÁFRICA TEM A NOS ENSINAR.

Estúdio Ornitorrinco/Arquivo da editora

- DESEMBARALHE AS LETRAS E ESCREVA O NOME DA HISTÓRIA.

B	N	U	U	U	T

- ILUSTRE A HISTÓRIA QUE VOCÊ OUVIU.

SUGESTÃO DE LIVRO

Reprodução/Editora Viajante do Tempo

UBUNTU: EU SOU PORQUE NÓS SOMOS, DE PEDRO SARMENTO. RIO DE JANEIRO: VIAJANTE DO TEMPO, 2014.

OUTROS POVOS NO BRASIL

OUTROS POVOS NO BRASIL.

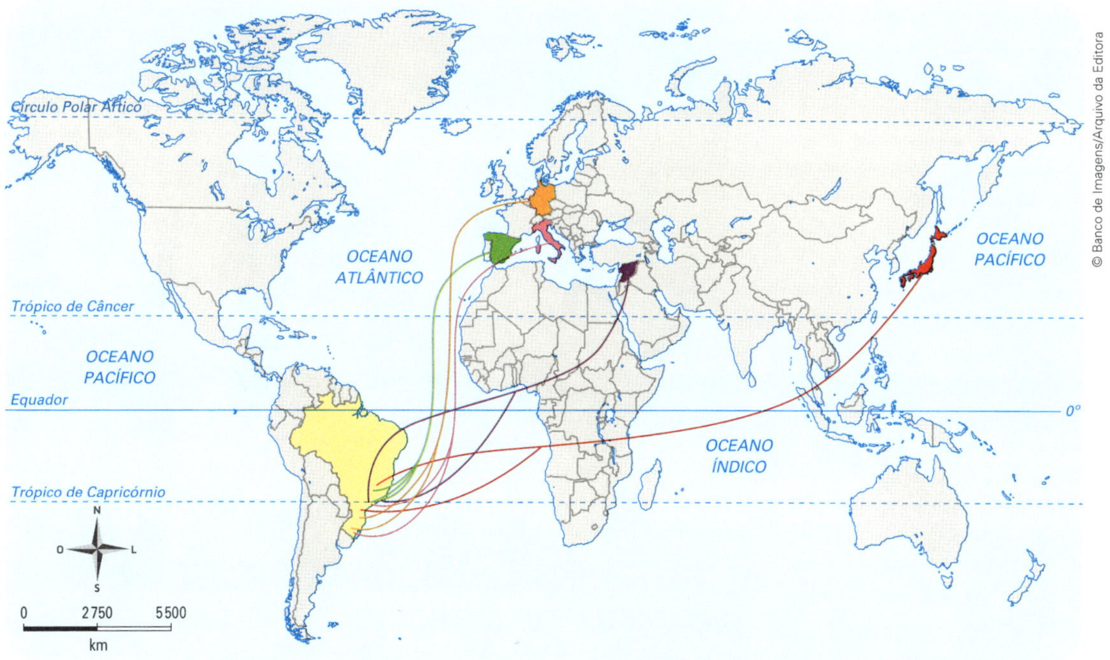

FONTE: ELABORADO COM BASE EM **ATLAS HISTÓRICO: GERAL E BRASIL**, DE CLÁUDIO VICENTINO. SÃO PAULO: SCIPIONE, 2011.

• DESENHE ALGO SOBRE A HERANÇA CULTURAL DE SUA FAMÍLIA.

BRINCADEIRAS

- OBSERVE A OBRA DE RICARDO FERRARI.
- VOCÊ CONHECE AS BRINCADEIRAS QUE APARECEM NA TELA?
- COMPLETE AS PALAVRAS ABAIXO E CONHEÇA O NOME DE ALGUMAS BRINCADEIRAS DA CULTURA BRASILEIRA.
- DESTAQUE AS FIGURAS DA **PÁGINA 35** E COLE-AS NOS QUADROS CORRESPONDENTES.

BRINCADEIRAS DE CRIANÇA, DE RICARDO FERRARI, 2015. ÓLEO SOBRE TELA, 120 cm × 90 cm.

MATERIAL DE APOIO

P	E	___	___	-	___	___	___	___

___	___	___	___	R

C	O	R	___	___

Q	U	E	I	___	___	___	___

SUGESTÃO DE LIVRO

SACO DE BRINQUEDOS, DE CARLOS URBIM. PORTO ALEGRE: PROJETO, 1997.

TRADIÇÃO ORAL: PARLENDAS, ADIVINHAS E TRAVA-LÍNGUAS

MARIANA ESTÁ RECITANDO UMA PARLENDA.

- ACOMPANHE A PARLENDA "HOJE É DOMINGO" COM TODA A TURMA.

PEDRO ESTÁ DIZENDO UM TRAVA-LÍNGUA.

- TENTE FALAR BEM RÁPIDO COM OS COLEGAS.

- ISA QUER QUE VOCÊ DESVENDE A ADIVINHA.

Ilustrações: Estúdio Ornitorrinco/Arquivo da editora

- VOCÊ CONHECE ALGUMA ADIVINHA?

SUGESTÃO DE LIVRO

Reprodução/Editora Ática

MEU LIVRO DE FOLCLORE, DE RICARDO AZEVEDO. SÃO PAULO: ÁTICA, 2011.

AS DANÇAS DE CADA LUGAR – O CARIMBÓ

- CANTE E DANCE O CARIMBÓ COM OS COLEGAS.

DANÇA DO CARIMBÓ

MENINA BONITA
COM SAIA RODADA
FLOR NOS CABELOS
SORRISO NO ROSTO
VEM COMIGO
VAMOS DANÇAR O CARIMBÓ!

NOEMI BIANCHINI DANTE.

Cesar Diniz/Pulsar Imagens

- ESCREVA NO QUADRO O NOME DESSA DANÇA.

- QUANTAS LETRAS TEM A PALAVRA QUE VOCÊ ESCREVEU?

LETRAS

- QUAL É A PRIMEIRA LETRA DA PALAVRA CARIMBÓ? E A SEGUNDA? ESCREVA-AS ABAIXO.

- VOCÊ CONHECE OUTRAS PALAVRAS QUE COMECEM COM ESSAS LETRAS? ESCREVA-AS A SEGUIR.

O FREVO

MATERIAL DE APOIO

- ACOMPANHE A LEITURA FEITA PELO PROFESSOR.

FERVER

FREVER

FREVO

Estúdio Ornitorrinco/Arquivo da editora

- DESTAQUE AS PALAVRAS DA **PÁGINA 37**. ANALISE-AS COM O PROFESSOR E OS COLEGAS, USANDO O ALFABETO MÓVEL.
- ESCREVA O NOME DA DANÇA NO QUADRO ABAIXO E PINTE A CENA.

O SAMBA

- DESTAQUE AS FOTOGRAFIAS DA **PÁGINA 37** E CONVERSE SOBRE ELAS.
- COMPLETE AS PALAVRAS E COLE AS IMAGENS NOS ESPAÇOS CORRESPONDENTES.

MATERIAL DE APOIO

					R	I	M

				Q	U	I	N	H	

		R		

Estúdio Ornitorrinco/Arquivo da editora

O CATERETÊ

- ACOMPANHE A LEITURA DO PROFESSOR.

FORMA A FILA **CATIREIRO**
PRA DANÇAR O **CATERETÊ**
NO COMPASSO DA **VIOLA**
CONFORME PRECISA SER

OS FAVORITOS DA CATIRA & OS MENSAGEIROS DOS SANTOS REIS (DVD). TRATORE, 2008.

Estúdio Ornitorrinco/Arquivo da editora

- DE ACORDO COM A LETRA DA CANÇÃO, ESCREVA NOS QUADROS:

O NOME DA DANÇA:

O NOME DADO A QUEM DANÇA:

O NOME DO INSTRUMENTO QUE SE TOCA:

A CHIMARRITA

- ACOMPANHE A LEITURA FEITA PELO PROFESSOR.

ESPORA
BOMBACHA
LENÇO E CHAPÉU...
VEM PRA FILA, MENINO
VEM DANÇAR
A **CHIMARRITA**
QUE A GAITA
JÁ VAI TOCAR!

NOEMI BIANCHINI DANTE.

- COMPLETE A CRUZADINHA COM ALGUMAS PALAVRAS QUE CARACTERIZAM A CHIMARRITA. CONSULTE O QUADRO.

ROUPAS RODA GAITA FILA

Estúdio Ornitorrinco/ Arquivo da editora

MONTANDO UMA COREOGRAFIA

- HÁ MUITAS FORMAS DE DANÇAR NO BRASIL E NO MUNDO. O QUE PODEMOS FAZER PARA CRIAR UMA COREOGRAFIA?

Ilustrações: Estúdio Ornitorrinco/ Arquivo da editora

PROFISSÕES

- ACOMPANHE A LEITURA DO PROFESSOR. DEPOIS, CONVERSE COM OS COLEGAS SOBRE AS PROFISSÕES DA LISTA.

AS PROFISSÕES MAIS DIFÍCEIS DO MUNDO

1. **DENTISTA** DE JACARÉ.
2. **BABÁ** DE ONÇA.
3. **CABELEIREIRO** DE LEÃO.
4. **MANICURE** DE BRUXA.
5. **NUTRICIONISTA** DE URUBU.
6. **COZINHEIRO** DE GIGANTE.
7. **ALFAIATE** DE PORCO-ESPINHO.

LISTAS FABULOSAS, DE EVA FURNARI. SÃO PAULO: MODERNA, 2013. P. 19.

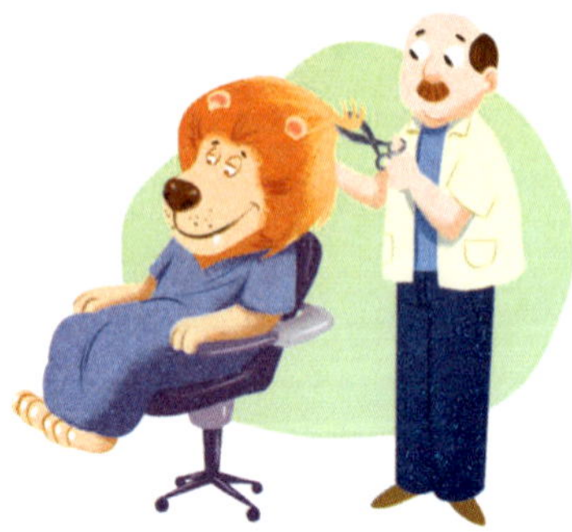

Ilustrações: Estúdio Ornitorrinco/Arquivo da editora

- ESCREVA NAS LINHAS ABAIXO PALAVRAS DO TEXTO QUE VOCÊ JÁ CONSEGUE LER.

- COM OS COLEGAS E O PROFESSOR, FAÇA UM CARTAZ COM UMA LISTA FABULOSA E DESENHOS DIVERTIDOS.

SUGESTÃO DE LIVRO

Reprodução/Editora Moderna

LISTAS FABULOSAS, DE EVA FURNARI. SÃO PAULO: MODERNA, 2013.

UMA PALAVRA DENTRO DA OUTRA

- ACOMPANHE A LEITURA FEITA PELO PROFESSOR.

TAMANDUÁ-BANDEIRA

TAMANDUÁ-BANDEIRA
FOI À FEIRA
COMPRAR FORMIGA
PARA ENCHER A BARRIGA.

SÓ ENCONTROU
VERDUREIRO,
PASTELEIRO,
BANANEIRO,
BATATEIRO,
PEIXEIRO
E NENHUM
FORMIGUEIRO.

BRASILEIRINHOS: POESIA PARA OS BICHOS MAIS ESPECIAIS DA NOSSA FAUNA, DE LALAU E LAURABEATRIZ. SÃO PAULO: COSAC NAIFY, 2014.

- ESCREVA O QUE VENDEM ESTES PROFISSIONAIS:

PROFISSIONAL	VENDE
VERDUREIRO	
PASTELEIRO	
BANANEIRO	
BATATEIRO	
PEIXEIRO	

Estúdio Ornitorrinco/Arquivo da editora

SUGESTÃO DE CD

Reprodução/Gravadora Tratore

BRASILEIRINHOS: MÚSICA PARA OS BICHOS DO BRASIL, DE PAULO BIRA. TRATORE, 2009.

ALGUMAS PESSOAS TRABALHAM FAZENDO ARTE

- JOSÉ PAULO PAES FOI UM ESCRITOR QUE FAZIA MUITA POESIA PARA CRIANÇAS. ACOMPANHE A LEITURA DE UM POEMA DESSE ESCRITOR.

LETRA MÁGICA

QUE PODE FAZER VOCÊ
PARA O **ELEFANTE**
TÃO DESELEGANTE
FICAR **ELEGANTE**?
ORA, TROQUE O **F** POR **G**!

MAS SE TROCAR, NO **RATO**,
O **R** POR **G**,
TRANSFORMA-O VOCÊ
(VEJA QUE PERIGO!)
NO SEU PIOR INIMIGO:
O **GATO**.

POEMAS PARA BRINCAR, DE JOSÉ PAULO PAES.
SÃO PAULO: ÁTICA, 2011.

Ilustrações: Estúdio Ornitorrinco/Arquivo da editora

- ESCREVA NOS QUADROS AS PALAVRAS DESTACADAS NO POEMA.
- PINTE AS LETRAS DIFERENTES EM CADA PAR DE PALAVRAS.

A BANDA

- VOCÊ JÁ VIU OU OUVIU UMA BANDA TOCAR?
- VOCÊ CONHECE OS INSTRUMENTOS DE UMA BANDA?
- CANTE ESTA CANÇÃO.

FLAUTA | PRATOS | TUBA

TEM GATO NA TUBA

TODO **DOMINGO**
HAVIA **BANDA**
NO CORETO DO **JARDIM**
E JÁ DE LONGE
A GENTE OUVIA
A **TUBA** DO SERAFIM
[...]
PUM, PUM, PUM (MIAU)
PUM, PURURUM, PUM, PUM (MIAU)
PUM, PUM, PUM (MIAU)

100 ANOS DE ALEGRIA (CD), DE JOÃO DE BARRO (BRAGUINHA). REVIVENDO, 2007.

Estúdio Ornitorrinco/Arquivo da editora

- CONTORNE O TÍTULO DO TEXTO.
- LIGUE OS NOMES AOS INSTRUMENTOS MUSICAIS.

UM PINTOR E UM ESCULTOR BRASILEIROS

MATERIAL DE APOIO

- OBSERVE ESTA PINTURA. ELA FOI FEITA POR RAFAEL MURIÓ.

MESTRE VITALINO, DE RAFAEL MURIÓ, 2005. TÉCNICA MISTA, 100 cm × 100 cm.

O TRIO DE FORROZEIROS: ZABUMBA, SANFONA E TRIÂNGULO, DE MESTRE VITALINO, CERCA DE 1950.

- DESTAQUE AS PEÇAS DO QUEBRA-CABEÇA DA **PÁGINA 37** E MONTE-O PARA CONHECER A OBRA DE MESTRE VITALINO, RETRATADA POR RAFAEL MURIÓ.
- PESQUISE NA INTERNET OUTRAS OBRAS DE RAFAEL MURIÓ E DE MESTRE VITALINO.
- CRIE OBJETOS OU PERSONAGENS COM MASSA DE MODELAR OU ARGILA.

O CIRCO

- IR AO CIRCO É UMA MANEIRA INTERESSANTE DE SE DIVERTIR. CONVERSE COM OS COLEGAS SOBRE AS ATRAÇÕES QUE APARECEM ABAIXO.
- DEPOIS, DESEMBARALHE AS LETRAS E COMPLETE AS PALAVRAS.

A P E T

T	R	A	___	___	Z	I	S	___	___

A Ç P O

___	___	L	H	A	___	___

C I G O

M	Á	___	___	___	___

Ilustrações: Estúdio Ornitorrinco/ Arquivo da editora

TEATRO, TELEVISÃO, CINEMA

MATERIAL DE APOIO

- O QUE VOCÊ SABE SOBRE O TEATRO, A TELEVISÃO E O CINEMA?
- DESTAQUE AS FOTOGRAFIAS DA **PÁGINA 39** E CONVERSE SOBRE ELAS COM OS COLEGAS.
- COMPLETE AS PALAVRAS. DEPOIS, COLE AS FOTOGRAFIAS NOS QUADROS CORRESPONDENTES.

___	___	___	___	___	___

C	Â	___	___	___	___

F	I	___	___	___	___	___	___

___	___	Q	U	I	___	___	___	___

- CONVERSE COM OS COLEGAS E O PROFESSOR SOBRE O QUE HÁ EM COMUM ENTRE AS TRÊS FORMAS DE REPRESENTAR.

AGORA O ARTISTA É VOCÊ!

- APRECIE ESTA OBRA DE ARTE.

Bridget Riley/Acervo Galeria Tate de Liverpool, Inglaterra.

FALL, DE BRIDGET RILEY, 1963. ACETATO DE POLIVILINA EM CARTÃO DURO, 141 cm × 140,3 cm.

- DESTAQUE UM DOS MOLDES ONDULADOS DA **PÁGINA 39** E USE-O PARA FAZER A SUA OBRA DE ARTE EM UMA FOLHA À PARTE.

MATERIAL DE APOIO

Estúdio Ornitorrinco/Arquivo da editora

SUGESTÃO DE LIVRO

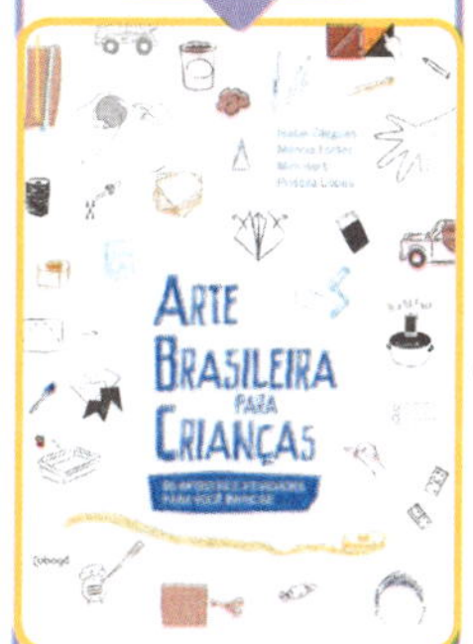

Reprodução/Editora Cobogó

ARTE BRASILEIRA PARA CRIANÇAS, DE ISABEL DIEGUES, MARCIA FORTES, MINI KERTI E PRISCILA LOPES. RIO DE JANEIRO: COBOGÓ, 2016.

FAZENDO TV

- VAMOS CRIAR UM FILME E UMA TELEVISÃO PARA TRANSMITI-LO?

1. COM OS COLEGAS, CRIE UMA HISTÓRIA OU ESCOLHA UMA QUE VOCÊS JÁ CONHECEM E GOSTARIAM DE APRESENTAR.
2. CADA UM DEVE DESENHAR UMA CENA DA HISTÓRIA EM UMA FOLHA DE PAPEL SULFITE, SEGUINDO AS ORIENTAÇÕES DO PROFESSOR.
3. O PROFESSOR VAI MONTAR UM ROLO COM OS DESENHOS PRONTOS E ENCAIXÁ-LO NA TELEVISÃO.
4. COMBINEM QUEM PASSARÁ O FILME E QUEM CONTARÁ A HISTÓRIA.

Estúdio Ornitorrinco/Arquivo da editora

- ESCREVA ABAIXO O NOME DO FILME.

O QUE EU JÁ SEI

- ACOMPANHE A LEITURA DO POEMA.

NA ESCOLA E EM CASA

NO PRIMEIRO DIA DE ESCOLA,
EU QUERIA ESTAR EM CASA.

NO SEGUNDO DIA DE ESCOLA,
EU QUERIA ESTAR EM CASA
E TAMBÉM NA ESCOLA.

NO TERCEIRO DIA DE ESCOLA,
EU QUERIA ESTAR NA ESCOLA
E TAMBÉM ESTAR EM CASA.

NO QUINTO DIA DE ESCOLA,
TINHA HORA DE ESTAR NA ESCOLA
E TINHA HORA DE VOLTAR PRA CASA.

ABC DOS ABRAÇOS. SÉRGIO CAPPARELLI. SÃO PAULO: GLOBAL, 2017. P. 19.

Estúdio Ornitorrinco/
Arquivo da editora

- ESCREVA O QUE MAIS GOSTOU DE APRENDER.

- COM OS COLEGAS, CONSTRUA DOIS PAINÉIS COLETIVOS: UM COM TUDO O QUE VOCÊS APRENDERAM NESTE ANO E OUTRO COM O QUE AINDA QUEREM APRENDER.

HORA DO JOGO E DA BRINCADEIRA

DECIFRE O CÓDIGO

• DECIFRE O CÓDIGO E DESCUBRA A MENSAGEM.

A	B	C	D	E	F	G	H	I	J	K	L	M

N	O	P	Q	R	S	T	U	V	W	X	Y	Z

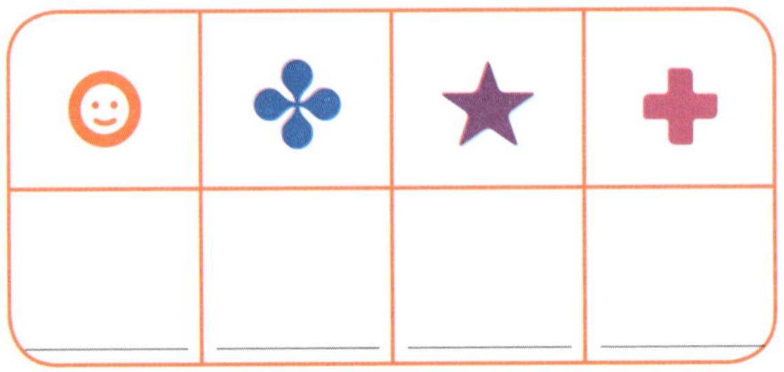

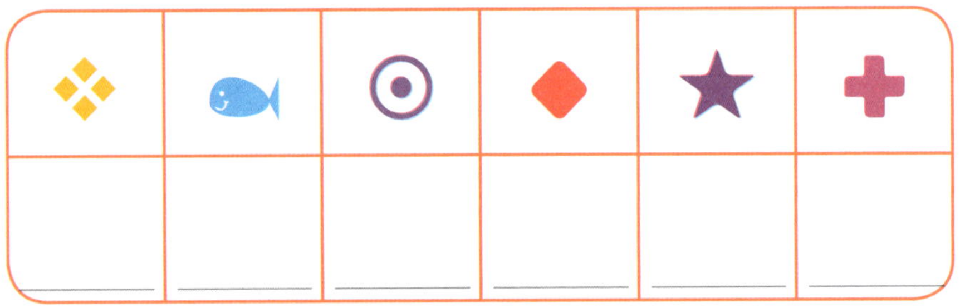

Estúdio Ornitorrinco/Arquivo da editora

MATERIAL DE APOIO

ENVELOPE PARA O ALFABETO MÓVEL

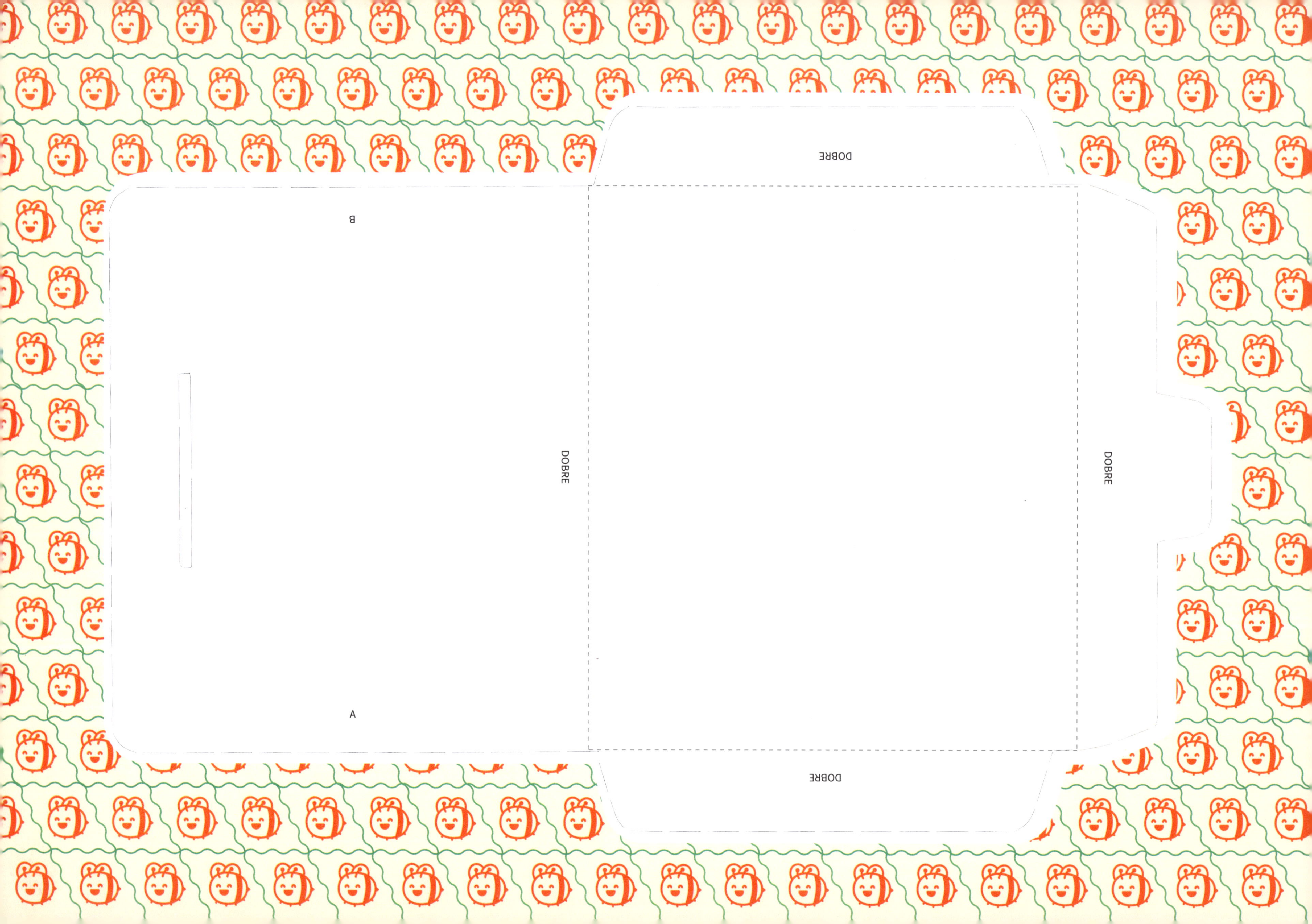
DOBRE
B
DOBRE
DOBRE
A
DOBRE

ALFABETO MÓVEL

B	B	B	C	C	C	D
D	D	F	F	F	G	G
G	H	H	H	J	J	J
K	K	K	L	L	L	M

M	M	N	N	N	P	P
P	Q	Q	Q	R	R	R
S	S	S	T	T	T	V
V	V	W	W	W	X	X

X	Y	Y	Y	Z	Z	Z
Ç	Ç	A	A	A	A	Á
Á	Â	Â	Ã	Ã	E	E
E	Ê	Ê	É	É	I	I

I	I	I	Í	Í	O	O
O	Ó	Ó	Ô	Ô	Õ	Õ
U	U	U	Ú	Ú	-	-

AMANDA

A A

ABÓBORA

Naruedom Yaempongsa / Shutterstock

BIANCA

B B

BAILARINA

alphaspirit / Shutterstock

CECÍLIA

C C

CAVALO

Kwadrat/ Shutterstock

DAVI

D D

DINOSSAURO

metha1819/ Shutterstock

ENZO

E E

ELEFANTE

Richard Peterson/Shutterstock

FERNANDO

F F

FOCA

Eric Isselee/Shutterstock

GUILHERME

G G

GAIOLA

Boxyray /Shutterstock

HENRIQUE

H H

HÉLICE

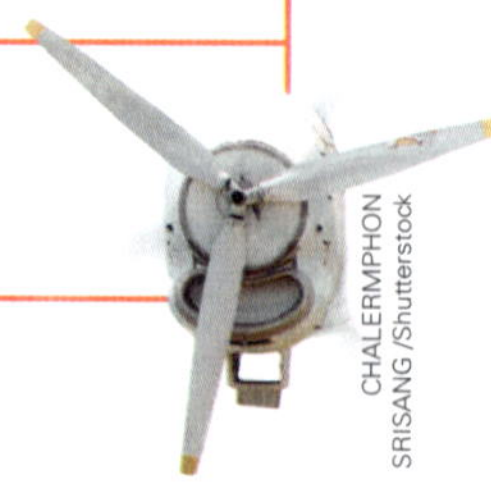

CHALERMPHON SRISANG /Shutterstock

IARA

I I

IOIÔ

View-point/Shutterstock

JOÃO

J J

JABUTI

Eric Isselee /Shutterstock

KEVIN

K K

KETCHUP

Michiel de Wit/Shutterstock

LUCA

L L

LARANJA

Maks Narodenko/Shutterstock

MARIANA

M M

MALA

Tamjaistock89/Shutterstock

NUNO

N N

NINHO

cowardlion/Shutterstock

OTO

O O

OVELHA

Eric Isselee/Shutterstock

PEDRO

P P

PANELA

monticello/Shutterstock

QUITÉRIA

Q Q

QUATRO

CHRISTOPHE ROLLAND/Shutterstock

RENATA

R R

RATO

photolinc/Shutterstock

SAMIR

S S

SABÃO

Marcio Capovilla/ Arquivo da editora

TIAGO

T T

TIJOLO

little birdie/Shutterstock

ÚRSULA

U U

URSO

Eric Isselee/Shutterstock

VALENTINA

V V

VIOLÃO

Jesus Cervantes/ Shutterstock

WESLEY

W W

WEBCAM

Nutteeraded/Shutterstock

XIMENA

X X

XILOFONE

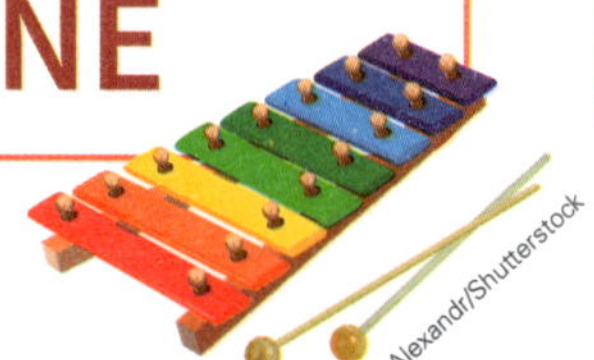

Chubarov Alexandr/Shutterstock

YURI

Y Y

YAKISOBA

gowithstock/Shutterstock

ZULEIDE

Z Z

ZÍPER

Jack Jelly/Shutterstock

HORA DO JOGO E DA BRINCADEIRA – PROCURE O PAR

PEÇAS PARA A ATIVIDADE DA **PÁGINA 21** DO LIVRO.

ISA

YURI

GABRIEL

PEDRO

NUNO

JABUTI

GOTA

YAKISOBA

NARIZ

PANELA

JOÃO

NINA

LUCA

MARIANA

IARA

IOIÔ

LUVA

NÓ

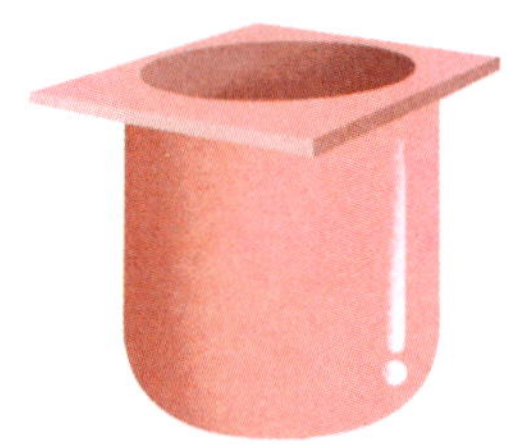

IOGURTE

MOEDA

Ilustrações: Estúdio Ornitorrinco/Arquivo da editora

MEU ANIVERSÁRIO

CONVITE PARA A ATIVIDADE DA **PÁGINA 22**.

La1n/Shutterstock

HORA DO JOGO E DA BRINCADEIRA – JOGO DAS PALAVRAS

PEÇAS PARA A ATIVIDADE DA **PÁGINA 27** DO LIVRO.

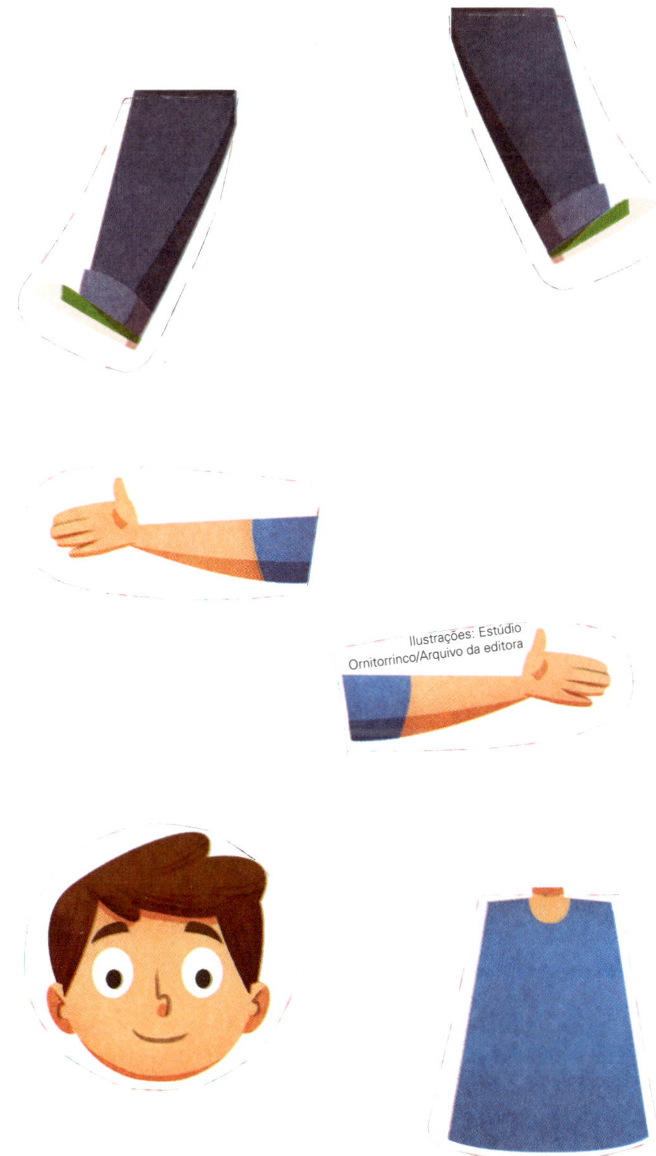

Ilustrações: Estúdio Ornitorrinco/Arquivo da editora

HORA DO JOGO E DA BRINCADEIRA – BINGO DOS NOMES

PEÇAS PARA A ATIVIDADE DA **PÁGINA 39** DO LIVRO.

YURI	GABRIEL	JOÃO	ISA	LUCA
NUNO	NINA	PEDRO	IARA	MARIANA

BINGO

A RODA

FIGURAS PARA A ATIVIDADE DA **PÁGINA 42** DO LIVRO.

Chubarov Alexandr/Shutterstock

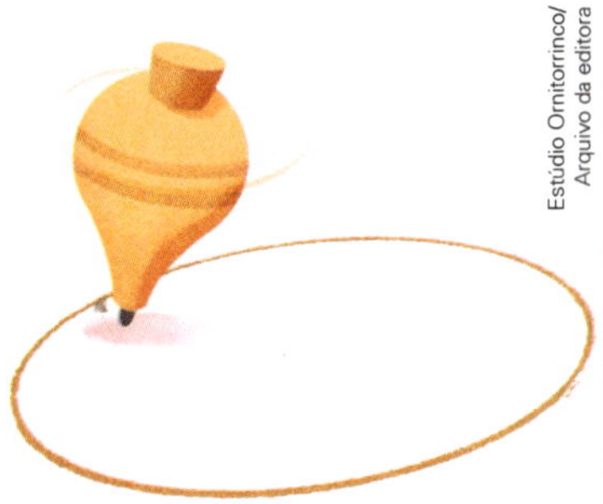

Estúdio Ornitorrinco/Arquivo da editora

O CALENDÁRIO

FIGURA PARA A ATIVIDADE DA **PÁGINA 58** DO LIVRO.

O QUE É, O QUE É?

IMAGENS PARA A ATIVIDADE DA **PÁGINA 72** DO LIVRO.

foamfoto/Shutterstock

Africa Studio/Shutterstock

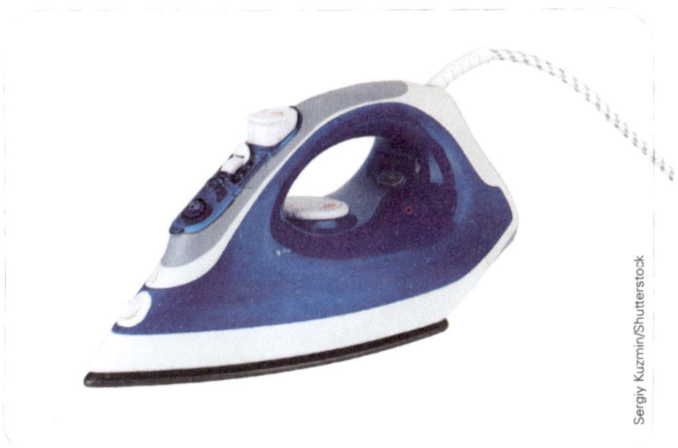
Sergiy Kuzmin/Shutterstock

HstrongART/Shutterstock

OLHA O BICHO!

PEÇAS PARA A ATIVIDADE DA **PÁGINA 82** DO LIVRO.

Estúdio Ornitorrinco/Arquivo da editora

DESCUBRA O NOME DO ANIMAL

FOTOGRAFIAS PARA A ATIVIDADE DA **PÁGINA 86** DO LIVRO.

irin-k/Shutterstock

ajt/Shutterstock

photomaster/Shutterstock

lalito/Shutterstock

CADA UM EM SUA CASA

PEÇAS PARA A ATIVIDADE DA **PÁGINA 90** DO LIVRO.

Estúdio Ornitorrinco/Arquivo da editora

QUANTOS INSETOS!

FOTOGRAFIAS PARA A ATIVIDADE DA **PÁGINA 92** DO LIVRO.

irin-k/Shutterstock

alslutsky/Shutterstock

suns07butterfly/Shutterstock

Ammak/Shutterstock

CORES QUENTES E CORES FRIAS

FOTOGRAFIAS PARA A ATIVIDADE DA **PÁGINA 93** DO LIVRO.

Serg64/Shutterstock

Alones/Shutterstock

PLANTAR, CULTIVAR, COLHER

CENAS PARA A ATIVIDADE DA **PÁGINA 94** DO LIVRO.

Ilustrações: Estúdio Ornitorrinco/Arquivo da editora

HORA DO JOGO E DA BRINCADEIRA – MÍMICA

CARTAS PARA A ATIVIDADE DA **PÁGINA 105** DO LIVRO.

Narupon Nimpaiboon/Shutterstock

Dennis Jacobsen/Shutterstock

LanKS/Shutterstock

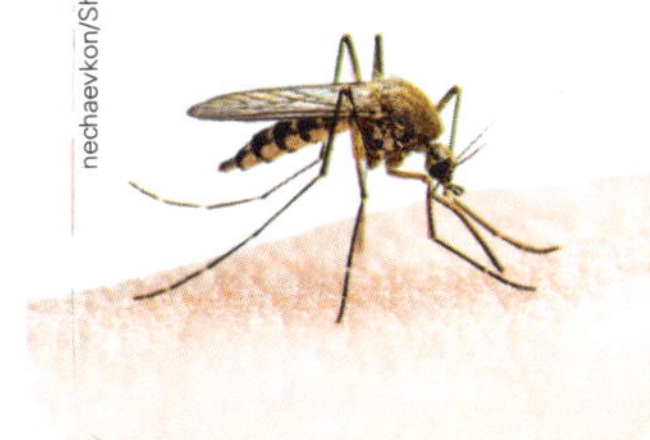

nechaevkon/Shutterstock

Nataly Studio/Shutterstock

digitalienspb/Shutterstock

ILYA AKINSHIN/Shutterstock

Smileus/Shutterstock

TINTAS DA NATUREZA

FIGURA PARA A ATIVIDADE DA **PÁGINA 114** DO LIVRO.

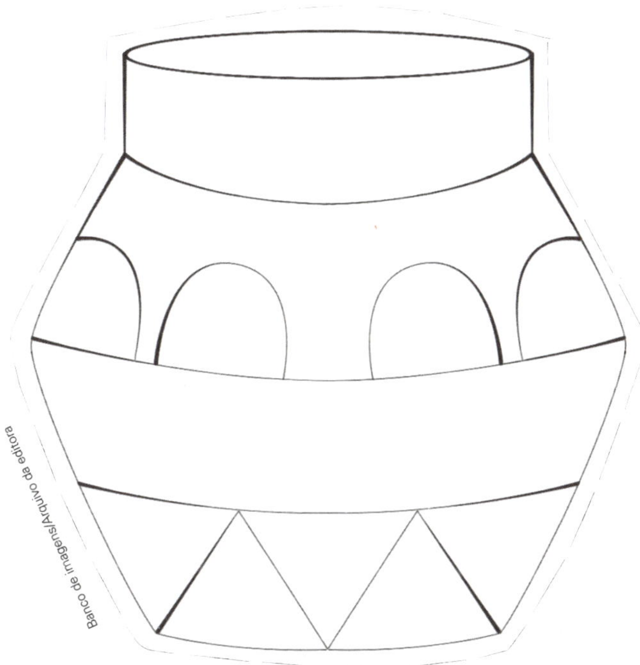

Banco de imagens/Arquivo da editora

HORA DA HISTÓRIA – A LENDA DO UIRAPURU

CENAS PARA A ATIVIDADE DA **PÁGINA 118** DO LIVRO.

Ilustrações: Estúdio Ornitorrinco/Arquivo da editora

MAIS PALAVRAS...

FOTOGRAFIAS PARA A ATIVIDADE DA **PÁGINA 122** DO LIVRO.

Kletr/Shutterstock

Fred S. Pinheiro/Shutterstock

Ismar Ingber/Pulsar Imagens

Paulo Vilela/Shutterstock

BRINCADEIRAS

FIGURAS PARA A ATIVIDADE DA **PÁGINA 126** DO LIVRO.

Ilustrações: Estúdio Ornitorrinco/ Arquivo da editora

O SAMBA

FOTOGRAFIAS PARA A ATIVIDADE DA **PÁGINA 130** DO LIVRO.

Ismar Ingber/Pulsar Imagens

Feel Photo Art/Shutterstock

Joao Seabra/Shutterstock

Boris Medvedev/Shutterstock

Ismar Ingber/Pulsar Imagens

O FREVO

PALAVRAS PARA A ATIVIDADE DA **PÁGINA 129** DO LIVRO.

FREVO	FERVER	FREVER

UM PINTOR E UM ESCULTOR BRASILEIROS

PEÇAS PARA A ATIVIDADE DA **PÁGINA 138** DO LIVRO.

G. Evangelista/Opção Brasil Imagens

TEATRO, TELEVISÃO, CINEMA

FOTOGRAFIAS PARA A ATIVIDADE DA **PÁGINA 140** DO LIVRO.

Igor Bulgarin/Shutterstock

CREATISTA/Shutterstock

Vladimir Wrangel/ Shutterstock

Christian Bertrand/ Shutterstock

AGORA O ARTISTA É VOCÊ!

MOLDES PARA A ATIVIDADE DA **PÁGINA 141** DO LIVRO.

AMANDA

A

ABÓBORA

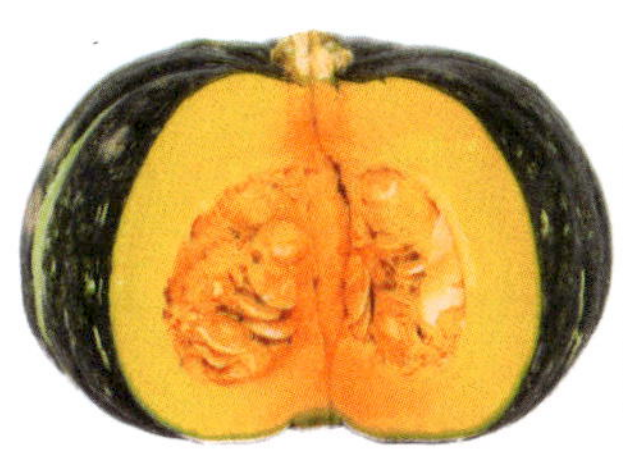

Naruedom Yaempongsa / Shutterstock

BIANCA

B

BAILARINA

alphaspirit / Shutterstock

CECÍLIA

C

CAVALO

Kwadrat/
Shutterstock

DAVI

D

DINOSSAURO

metha1819/
Shutterstock

ENZO

E

ELEFANTE

Richard Peterson/Shutterstock

FERNANDO

F

FOCA

Eric Isselee/Shutterstock

GUILHERME

G

GAIOLA

Boxyray /Shutterstock

HENRIQUE

H

HÉLICE

CHALERMPHON SRISANG /Shutterstock

IARA

I

IOIÔ

View-point/Shutterstock

JOÃO

J

JABUTI

Eric Isselee /Shutterstock

KEVIN

K

KETCHUP

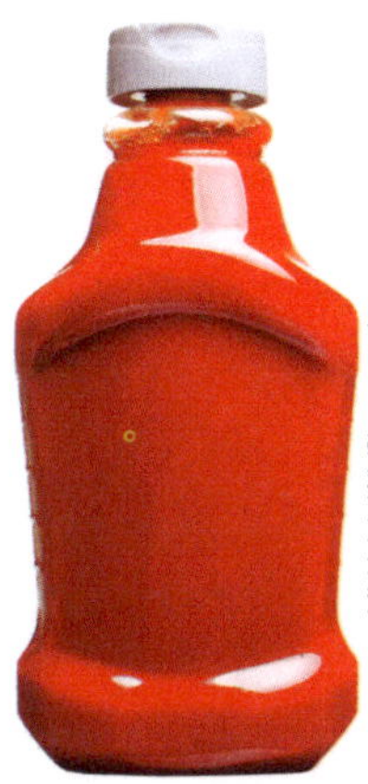

Michiel de Wit/Shutterstock

LUCA

L

LARANJA

Maks Narodenko/Shutterstock

MARIANA

M

MALA

Tamjaistock89/Shutterstock

NUNO

N

NINHO

covardlion/Shutterstock

OTO

O

OVELHA

Eric Isselee/Shutterstock

PEDRO

P

PANELA

monticello/Shutterstock

QUITÉRIA

Q

QUATRO

CHRISTOPHE ROLLAND/Shutterstock

RENATA

R

RATO

photolino/Shutterstock

SAMIR

S

SABÃO

Marcio Capovilla/Arquivo da editora

TIAGO

T

TIJOLO

little birdie/Shutterstock

ÚRSULA

U

URSO

Eric Isselee/Shutterstock

VALENTINA

V

VIOLÃO

Jesus Cervantes/
Shutterstock

WESLEY

W

WEBCAM

Nutteeraded/Shutterstock

XIMENA

X

XILOFONE

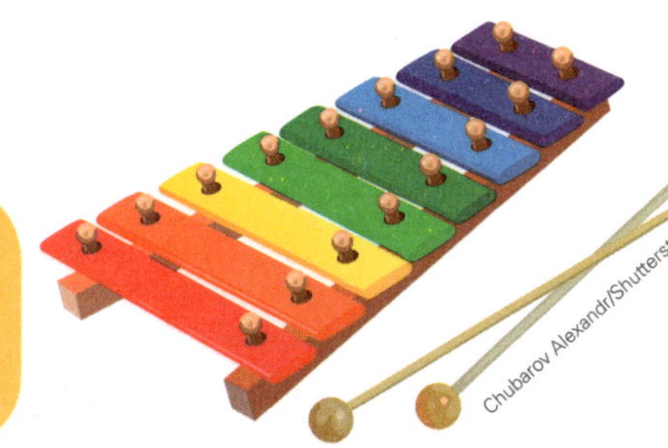

Chubarov Alexandr/Shutterstock

YURI

Y

YAKISOBA

gowithstock/Shutterstock

ZULEIDE

Z

ZÍPER

Jack Jelly/Shutterstock

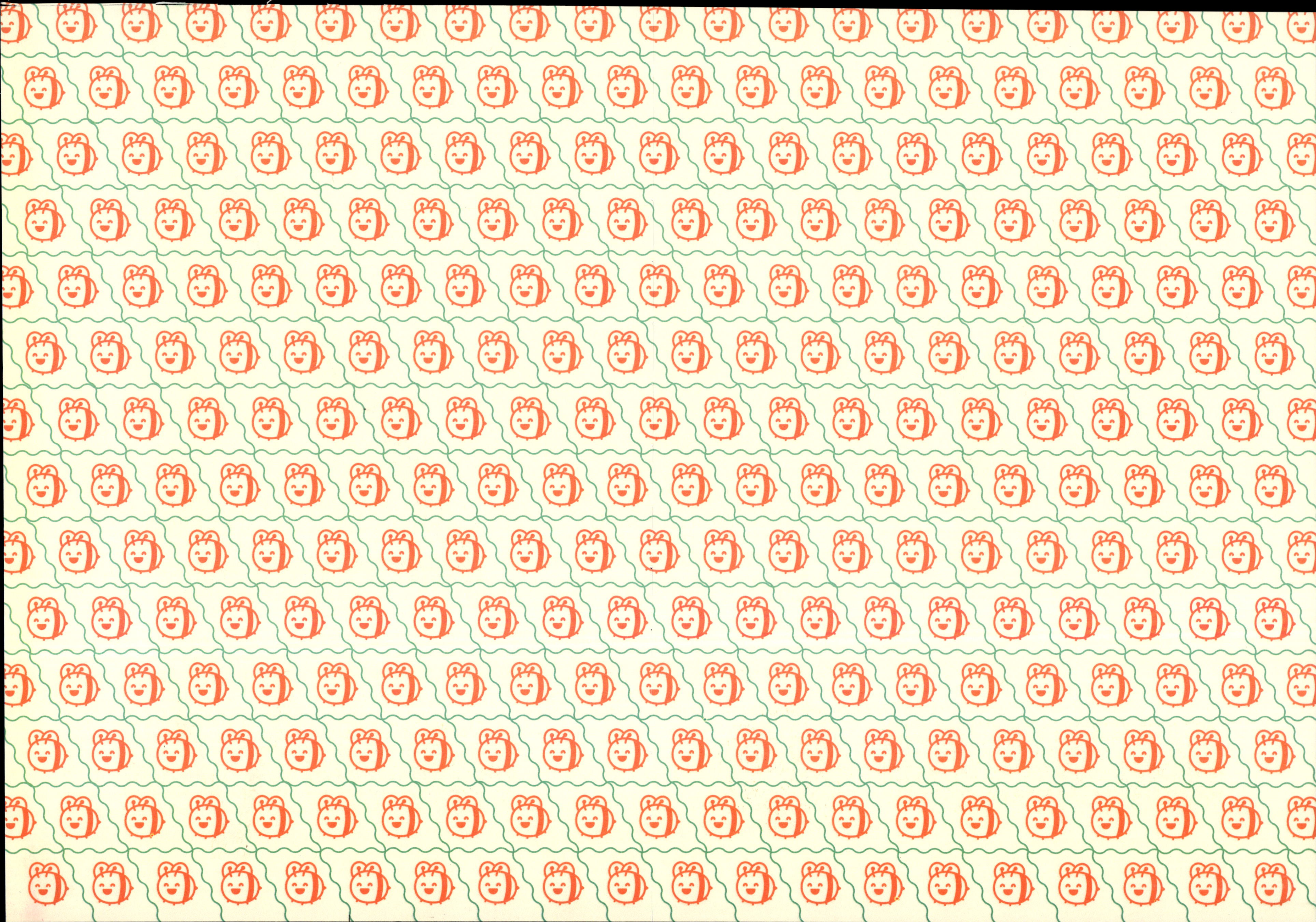

Â

EvilWata/Shutterstock

LÂMPADA

Á

cooperr/Shutterstock

LÁPIS

Ã

Alex Staroseltsev/Shutterstock

MAÇÃ

Ç

Anan Kaewkhammul/Shutterstock

ONÇA

É

GMEVIPHOTO/Shutterstock

CAFÉ

Ê

Olha Ukhal/Shutterstock

TÊNIS

Í

Amarildo Oliveira/Tucupi Imagens

AÇAÍ

Ô

Shutterstock/Sophie Louise Davis/Shutterstock

AVÔ

Õ

Nature Style/Shutterstock

BOTÕES

Ó

Michael Shake/Shutterstock

AUTOMÓVEL

Ú

Mohd KhairilX/Shutterstock

NÚMEROS